BHAGAVAD GITA

A SUBLIME CANÇÃO

Krishna

TEXTO INTEGRAL

TRADUZIDA DE ACORDO COM
TEXTO SÂNSCRITO
E ENRIQUECIDA DE NOTAS EXPLICATIVAS
E COM TÓPICOS PARALELOS DOS
LIVROS SACROS DO CRISTIANISMO POR:
HUBERTO ROHDEN

Os Objetivos, a Filosofia e a Missão da Editora Martin Claret

O principal Objetivo da **Martin Claret** é continuar a desenvolver uma grande e poderosa empresa editorial brasileira, para melhor servir a seus leitores.

A Filosofia de trabalho da **Martin Claret** consiste em criar, inovar, produzir e distribuir, sinergicamente, livros da melhor qualidade editorial e gráfica, para o maior número de leitores e por um preço economicamente acessível.

A Missão da **Martin Claret** é a de conscientizar e motivar as pessoas a desenvolver e utilizar o seu pleno potencial espiritual, mental e social.

A **Martin Claret** está empenhada em contribuir para a difusão da educação e da cultura, por meio do livro popular, usando todos os canais ortodoxos e heterodoxos de comercialização.

A **Martin Claret**, em sua missão empresarial, acredita na verdadeira função do livro: o livro muda as pessoas.

A **Martin Claret**, em sua vocação educacional, deseja, por meio do livro, claretizar, otimizar e iluminar a vida das pessoas.

Revolucione-se: leia mais para ser mais!

MARTIN CLARET

COLEÇÃO A OBRA-PRIMA DE CADA AUTOR

BHAGAVAD GITA

Krishna

TEXTO INTEGRAL

MARTIN CLARET

CRÉDITOS

Idealização e Realização
Martin Claret

Capa
Ilustração
Cláudio Gianfardoni

Miolo
Revisão
Lucyana Rocha de O. Torchia
Marinice Argenta

Tradução e notas
Huberto Rohden

Projeto Gráfico
José Duarte T. de Castro

Direção de Arte
José Duarte T. de Castro

Digitação
Graziella Gatti Leonardo

Editoração Eletrônica
Editora Martin Claret

Fotolitos da Capa
OESP

Papel
Off-Set, 70g/m²

Impressão e Acabamento
Paulus Gráfica

Editora Martin Claret – Rua Alegrete, 62 – Bairro Sumaré
CEP 01254-010 – São Paulo - SP
Tel.: (0xx11) 3672-8144 – Fax: (0xx11) 3673-7146

www.martinclaret.com.br

Agradecemos a todos os nossos amigos e colaboradores — pessoas físicas e jurídicas — que deram as condições para que fosse possível a publicação deste livro.

Este livro fo impresso no verão de 2004.

PREFÁCIO

A história do livro e a coleção "A Obra-Prima de Cada Autor"

MARTIN CLARET

Que é o livro? Para fins estatísticos, na década de 60, a UNESCO considerou o livro "uma publicação impressa, não periódica, que consta de no mínimo 49 páginas, sem contar as capas".

O livro é um produto industrial.

Mas também é mais do que um simples produto. O primeiro conceito que deveríamos reter é o de que o livro como objeto é o veículo, o suporte de uma informação. O livro é uma das mais revolucionárias invenções do homem.

A *Enciclopédia Abril* (1972), publicada pelo editor e empresário Victor Civita, no verbete "livro" traz concisas e importantes informações sobre a história do livro. A seguir, transcrevemos alguns tópicos desse estudo didático sobre o livro.

O livro na Antiguidade

Antes mesmo que o homem pensasse em utilizar determinados materiais para escrever (como, por exemplo, fibras vegetais e tecidos), as bibliotecas da Antiguidade estavam repletas de textos gravados em tabuinhas de barro cozido. Eram os primeiros "livros", depois progressivamente modificados até chegar a ser feitos — em grandes tiragens — em papel impresso mecanicamente, proporcionando facilidade de leitura e transporte. Com eles, tornou-se possível, em todas as épocas, transmitir fatos, acontecimentos históricos, descobertas, tratados, códigos ou apenas entretenimento.

Como sua fabricação, a função do livro sofreu enormes modificações dentro das mais diversas sociedades, a ponto de constituir uma mercadoria especial, com técnica, intenção e utilização determinadas. No moderno movimento editorial das chamadas sociedades de consumo, o livro pode ser considerado uma mercadoria cultural, com maior ou menor significado no contexto socioeconômico em que é publicado. Como mercadoria, pode ser comprado, vendido ou trocado. Isso não ocorre, porém, com sua função intrínseca, insubstituível: pode-se dizer que o livro é essencialmente um instrumento cultural de difusão de idéias, transmissão de conceitos, documentação (inclusive fotográfica e iconográfica), entretenimento ou ainda de condensação e acumulação do conhecimento. A palavra escrita venceu o tempo, e o livro conquistou o espaço. Teoricamente, toda a humanidade pode ser atingida por textos que difundem idéias que vão de Sócrates e Horácio a Sartre e McLuhan, de Adolf Hitler a Karl Marx.

Espelho da sociedade

A história do livro confunde-se, em muitos aspectos, com a história da humanidade. Sempre que escolhem frases e temas, e transmitem idéias e conceitos, os escritores estão elegendo o que consideram significativo no momento histórico e cultural que vivem. E assim, fornecem dados para a análise de sua sociedade. O conteúdo de um livro — aceito, discutido ou refutado socialmente — integra a estrutura intelectual dos grupos sociais.

Nos primeiros tempos, o escritor geralmente vivia em contato direto com seu público, que era formado por uns poucos letrados, já cientes das opiniões, idéias, imaginação e teses do autor, pela própria convivência que tinha com ele. Muitas vezes, mesmo antes de ser redigido o texto, as idéias nele contidas já haviam sido intensamente discutidas pelo escritor e parte de seus leitores. Nessa época, como em várias outras, não se pensava no enorme percentual de analfabetos. Até o século XV, o livro servia exclusivamente a uma pequena minoria de sábios e estudiosos que constituíam os círculos intelectuais (confinados aos mosteiros no início da Idade Média) e que tinham acesso às bibliotecas, cheias de manuscritos ricamente ilustrados.

Com o reflorescimento comercial europeu em fins do século XIV, burgueses e comerciantes passaram a integrar o mercado livreiro da época. A erudição laicizou-se, e o número de escritores aumentou, surgindo também as primeiras obras escritas em línguas que não o latim e o grego (reservadas aos textos clássicos e aos assuntos considerados dignos de atenção).

Nos séculos XVI e XVII surgiram diversas literaturas nacionais, demonstrando, além do florescimento intelectual da época, que a população letrada dos países europeus estava mais capacitada a adquirir obras escritas.

Cultura e comércio

Com o desenvolvimento do sistema de impressão de Gutenberg, a Europa conseguiu dinamizar a fabricação de livros, imprimindo, em cinqüenta anos, cerca de vinte milhões de exemplares para uma população de quase cem milhões de habitantes, a maioria analfabeta. Para a época, isso significou enorme revolução, demonstrando que a imprensa só se tornou uma realidade diante da necessidade social de ler mais.

Impressos em papel, feitos em cadernos costurados e posteriormente encapados, os livros tornaram-se empreendimento cultural e comercial: os editores passaram logo a se preocupar com melhor apresentação e redução de preços. Tudo isso levou à comercialização do livro. E os livreiros baseavam-se no gosto do público para imprimir, sobretudo, obras religiosas, novelas, coleções de anedotas, manuais técnicos e receitas.

Mas o percentual de leitores não cresceu na mesma proporção que a expansão demográfica mundial. Somente com as modificações socioculturais e econômicas do século XIX — quando o livro começou a ser utilizado também como meio de divulgação dessas modificações, e o conhecimento passou a significar uma conquista para o homem, que, segundo se acreditava, poderia ascender socialmente se lesse — houve um relativo aumento no número de leitores, sobretudo na França e na Inglaterra, onde alguns editores passaram a produzir, a preços baixos, obras completas de autores famosos. O livro era então interpretado como símbolo de liberdade, conseguida por conquistas culturais. Entretanto, na maioria dos países, não houve nenhuma grande modificação nos índices percentuais até o fim da Primeira Guerra Mundial (1914/18), quando surgiram as primeiras grandes tiragens de livros, principalmente romances, novelas e textos didáticos. O número elevado de cópias, além de baratear o preço da unidade, difundiu ainda mais a literatura. Mesmo assim, a maior parte da população de muitos países continuou distanciada, em parte porque o livro, em si, tinha sido durante muitos séculos considerado objeto raro, passível de ser adquirido somente por um pequeno número de eruditos. A grande massa da população mostrou maior receptividade aos jornais, periódicos e folhetins, mais dinâmicos e atualizados, além de acessíveis ao poder aquisitivo da grande maioria.

Mas isso não chegou a ameaçar o livro como símbolo cultural de difusão de idéias, como fariam, mais tarde, o rádio, o cinema e a televisão.

O advento das técnicas eletrônicas, o aperfeiçoamento dos métodos fotográficos e a pesquisa de materiais praticamente imperecíveis fazem alguns teóricos da comunicação de massa pensar em um futuro sem os livros tradicionais, com seu formato quadrado ou retangular, composto de folhas de papel, unidas umas às outras por um dos lados.

Seu conteúdo e suas mensagens, racionais ou emocionais, seriam transmitidos por outros meios, como, por exemplo, microfilmes e fitas gravadas.

A televisão transformaria o mundo inteiro em uma grande "aldeia" (como afirmou Marshall McLuhan), no momento em que todas as sociedades decretassem sua prioridade em relação aos textos escritos.

Mas a palavra escrita dificilmente deixaria de ser considerada uma das mais importantes heranças culturais, para todos os povos.

E no decurso de toda a sua evolução, o livro sempre pôde ser visto como objeto cultural (manuseável, com forma entendida e interpretada em função de valores plásticos) e símbolo cultural (dotado de conteúdo, entendido e interpretado em função de valores semânticos). As duas maneiras podem fundir-se no pensamento coletivo, como um conjunto orgânico (onde texto e arte se completam, como, por exemplo, em um livro de arte) ou apenas como um conjunto textual (onde a mensagem escrita vem em primeiro lugar — em um livro de matemática, por exemplo).

A mensagem (racional, prática ou emocional) de um livro é sempre intelectual e pode ser revivida a cada momento.

O conteúdo, estático em si, dinamiza-se em função da assimilação das palavras pelo leitor, que pode discuti-las, reafirmá-las, negá-las ou transformá-las. Por isso, o livro pode ser considerado um instrumento cultural capaz de liberar informação, sons, imagens, sentimentos e idéias através do tempo e do espaço.

A quantidade e a qualidade das idéias colocadas em um texto podem ser aceitas por uma sociedade, ou por ela negadas, quando entram em choque com conceitos ou normas culturalmente admitidas.

Nas sociedades modernas, em que a classe média tende a considerar o livro como sinal de *status* e cultura (erudição), os compradores utilizam-no como símbolo mesmo, desvirtuando suas funções ao transformá-lo em livro-objeto.

Mas o livro é antes de tudo funcional — seu conteúdo é que lhe confere valor (como os livros das ciências, de filosofia, religião, artes, história e geografia, que representam cerca de 75% dos títulos publicados anualmente em todo o mundo).

O mundo lê mais

No século XX, o consumo e a produção de livros aumentaram progressivamente. Lançado logo após a Segunda Guerra Mundial (1939/45), quando uma das características principais da edição de um livro eram as capas entreteladas ou cartonadas, o livro de bolso constituiu um grande êxito comercial. As obras — sobretudo *best-sellers* publicados algum tempo antes em edições de luxo — passaram a ser impressas em rotativas, como as revistas, e distribuídas às bancas de jornal. Como as tiragens elevadas permitiam preços muito baixos, essas edições de bolso popularizaram-se e ganharam importância em todo o mundo.

Até 1950, existiam somente livros de bolso destinados a pessoas de baixo poder aquisitivo; a partir de 1955, desenvolveu-se a categoria do livro de bolso "de luxo". As características principais destes últimos eram a abundância de coleções — em 1964 havia mais de duzentas nos Estados Unidos — e a variedade de títulos, endereçados a um público intelectualmente mais refinado.

A essa diversificação das categorias adiciona-se a dos pontos-de-venda, que passaram a abranger, além das bancas de jornal, farmácias, lojas, livrarias, etc. Assim, nos Estados Unidos, o número de títulos publicados em edições de bolso chegou a 35 mil em 1969, representando quase 35% do total dos títulos editados.

Proposta da coleção "A Obra-Prima de Cada Autor"

A palavra "coleção" é uma palavra há muito tempo dicionarizada, e define o conjunto ou reunião de objetos da mesma natureza ou que têm qualquer relação entre si. Em um sentido editorial, significa o conjunto não-limitado de obras de autores diversos, publicado por uma mesma editora, sob um título geral indicativo de assunto ou área, para atendimento de segmentos definidos do mercado.

A coleção "A Obra-Prima de Cada Autor" corresponde plenamente à definição acima mencionada. Nosso principal objetivo é oferecer, em formato de bolso, a obra mais importante de cada autor, satisfazendo o leitor que procura qualidade.*

Desde os tempos mais remotos existiram coleções de livros. Em Nínive, em Pérgamo e na Anatólia existiam coleções de obras literárias de grande importância cultural. Mas nenhuma delas superou a célebre biblioteca de Alexandria, incendiada em 48 a.C. pelas legiões de Júlio César, quando estes arrasaram a cidade.

A coleção "A Obra-Prima de Cada Autor" é uma série de livros a ser composta de mais de 400 volumes, formato de bolso, com preço altamente competitivo, e pode ser encontrada em centenas de pontos-de-venda. O critério de seleção dos títulos foi o já estabelecido pela tradição e pela crítica especializada. Em sua maioria são obras de ficção e filosofia, embora possa haver textos sobre religião, poesia, política, psicologia e obras de auto-ajuda. Inauguram a coleção quatro textos clássicos: *Dom Casmurro*, de Machado de Assis; *O Príncipe*, de Maquiavel; *Mensagem*, de Fernando Pessoa, e *O Lobo do Mar*, de Jack London.

Nossa proposta é fazer uma coleção quantitativamente aberta. A periodicidade é mensal. Editorialmente, sentimo-nos orgulhosos de poder oferecer a coleção "A Obra-Prima de Cada Autor" aos leitores brasileiros. Nós acreditamos na função do livro.

---

* Atendendo a sugestões de leitores, livreiros e professores, a partir de certo número da coleção, começamos a publicar, de alguns autores, outras obras além da sua obra-prima.

Atitude fundamental do *Bhagavad Gita*

HUBERTO ROHDEN

Segundo a concepção cósmica da filosofia oriental, toda a atividade do homem profano é fundamentalmente trágica, eivada de culpa, ou karma, porque quem age é o ego, e esse ego é uma ilusão funesta, e tudo o que o ego ilusório faz é necessariamente negativo, contaminado de culpa e maldade.

Se tal é toda e qualquer atividade do homem profano, então estamos diante de um dilema inevitável: ou agir e onerar-se de culpa — ou não agir e assim preservar-se da culpa.

Grande parte da filosofia oriental optou pela segunda alternativa do dilema: não agir, entregar-se a uma total inatividade, abismar-se numa eterna meditação passiva, a fim de não aumentar o débito negativo do karma.

O Bhagavad Gita*, porém, não recomenda nenhuma dessas duas alternativas: nem o não-agir e preservar-se de culpa, nem o agir e cobrir-se de culpa. O* Gita *descobriu um terceiro caminho: o do agir sem culpa ou karma.*

O Bhagavad Gita *recomenda o caminho do* reto-agir, *eqüidistante do* falso-agir *e do* não-agir.

Como pode o homem agir sem se onerar de culpa?

O falso-agir é um agir por amor ao ego; mas o reto-agir age por amor ao Eu, embora através do ego, e assim a sua atividade não é culpada.

O reto-agir, por amor ao Eu verdadeiro, não só não cria uma nova culpabilidade no presente e no futuro, mas neutraliza também o karma do falso-agir do passado, libertando assim o homem de todos os seus débitos.

É nisso que consiste a suprema sabedoria do Bhagavad Gita.

Mas para que o homem possa agir assim, por amor ao Eu verdadeiro, deve conhecer esse Eu, deve conhecer a verdade sobre si mesmo.

É o que Krishna explica a seu discípulo Arjuna através dos 18 capítulos que perfazem o diálogo deste poema metafísico; autoconhecimento para tornar possível a auto-realização pelo reto-agir.

A quintessência do Gita *é, pois, um convite para o reto-agir, porque o homem não se realiza nem pelo não-agir, nem pelo falso-agir.*

A alma do Bhagavad Gita *é um poema de auto-redenção pela auto-realização baseada em autoconhecimento.*

Homem, conhece-te a ti mesmo!

Homem, realiza-te!

* * *

A presente tradução baseia-se em dois magníficos textos ingleses, os quais, por seu turno, são a reprodução do próprio texto original sânscrito. Temos sobre a mesa o texto do exímio indiólogo, Sir *Edwin Arnolds, e o texto de Swami Premanda (hindu), sendo que este último, discípulo de Paramahansa Yogananda, foi durante vários anos o nosso guru ou mestre espiritual de iniciação em* Yôga *e* Kriya-yôga*. Em alguns trechos obscuros recorremos à maravilhosa tradução alemã de Franz Hartmann e à obra monumental* Der Yoga*, de J. W. Hauer.*

Apareceu há algum tempo, nos Estados Unidos, publicada pela Macmillan Publishers e recentemente traduzida para nossa língua, uma luxuosa edição ilustrada deste livro milenar, reproduzindo o texto completo do Bhagavad Gita *em caracteres sânscritos, eruditamente comentado por Bhaktivedanta Swami Prabhupada*. Fizemos uma minuciosa conferência da tradução inglesa dessa edição com o nosso texto em português e verificamos a sua essencial identidade.*

Para mostrar ao leitor a beleza da grafia em letra sânscrita, reproduzimos a seguir duas páginas do poema no original.

---

* Ver texto complementar na parte final deste livro.

Verso 25

भीष्मद्रोणप्रमुखतः सर्वेषां च महीक्षिताम् ।
उवाच पार्थ पश्यैतान्समवेतान्कुरूनिति ॥२५॥

Verso 26

तत्रापश्यत्स्थितान्पार्थः पितॄनथ पितामहान् ।
आचार्यान्मातुलान्भ्रातॄन्पुत्रान्पौत्रान्सखींस्तथा ।
श्वशुरान्सुहृदश्चैव सेनयोरुभयोरपि ॥ २६ ॥

Verso 28

अर्जुन उवाच
दृष्ट्वेमं स्वजनं कृष्ण युयुत्सुं समुपस्थितम् ।
सीदन्ति मम गात्राणि मुखं च परिशुष्यति ॥ २८ ॥

Versos 32 - 35

किं नो राज्येन गोविन्द किं भोगैर्जीवितेन वा ।
येषामर्थे काङ्क्षितं नो राज्यं भोगाः सुखानि च ॥ ३२ ॥
त इमेऽवस्थिता युद्धे प्राणांस्त्यक्त्वा धनानि च ।
आचार्याः पितरः पुत्रास्तथैव च पितामहाः ॥ ३३ ॥
मातुलाः श्वशुराः पौत्राः श्यालाः संबन्धिनस्तथा ।
एतान्न हन्तुमिच्छामि घ्नतोऽपि मधुसूदन ॥ ३४ ॥
अपि त्रैलोक्यराज्यस्य हेतोः किं नु महीकृते ।
निहत्य धार्तराष्ट्रान्नः का प्रीतिः स्याज्जनार्दन ॥ ३५ ॥

Versos 37 - 38

यद्यप्येते न पश्यन्ति लोभोपहतचेतसः ।
कुलक्षयकृतं दोषं मित्रद्रोहे च पातकम् ॥ ३७ ॥

कथं न ज्ञेयमस्माभिः पापादस्मान्निवर्तितुम् ।
कुलक्षयकृतं दोषं प्रपश्यद्भिर्जनार्दन ॥३८॥

Verso 40

अधर्माभिभवात्कृष्ण प्रदुष्यन्ति कुलस्त्रियः ।
स्त्रीषु दुष्टासु वार्ष्णेय जायते वर्णसङ्करः ॥४०॥

Verso 42

दोषैरेतैः कुलघ्नानां वर्णसङ्करकारकैः ।
उत्साद्यन्ते जातिधर्माः कुलधर्माश्च शाश्वताः ॥४२॥

Verso 43

उत्सन्नकुलधर्माणां मनुष्याणां जनार्दन ।
नरके नियतं वासो भवतीत्यनुशुश्रुम ॥४३॥

Verso 44

अहो बत महत्पापं कर्तुं व्यवसिता वयम् ।
यद्राज्यसुखलोभेन हन्तुं स्वजनमुद्यताः ॥४४॥

Verso 45

यदि मामप्रतीकारमशस्त्रं शस्त्रपाणयः ।
धार्तराष्ट्रा रणे हन्युस्तन्मे क्षेमतरं भवेत् ॥४५॥

Verso 46

सञ्जय उवाच

एवमुक्त्वार्जुनः सङ्ख्ये रथोपस्थ उपाविशत् ।
विसृज्य सशरं चापं शोकसंविग्नमानसः॥४६॥

CAPÍTULO 1

Ignorância e sofrimento de Arjuna

O jovem príncipe Arjuna perdeu seu trono e reino, usurpados por seus parentes. Desanimado, recusa-se a lutar pela reconquista.

Aparece então Krishna e faz ver a Arjuna que deve reconquistar o seu trono e reino, mesmo matando os usurpadores.

Alguns intérpretes, mesmo orientais, vêem nas palavras de Krishna um convite para uma guerra justa, em sentido físico, tomando suas palavras literalmente.

Outros, porém — entre eles Rabindranath Tagore, Mahatma Gandhi e outros iniciados —, interpretam as palavras de Krishna em sentido simbólico, como aliás toda a luta de Arjuna contra os usurpadores, entendendo que Arjuna é o Eu humano cujo reino foi usurpado pelo ego, e Krishna é o Eu plenamente realizado, que convida Arjuna a fazer a sua auto-realização, derrotando seus parentes — os sentidos, a mente e as emoções —, que, no homem profano, usurpam injustamente o domínio do divino Eu.

E como essa reconquista só é possível pelo conhecimento da verdadeira natureza humana, os 18 capítulos do Bhagavad Gita se resumem numa extensa explicação do autoconhecimento humano, indispensável para a sua auto-realização.

Nesse sentido, simboliza o poema da Sublime Canção uma paráfrase, ou um paralelo, a outros poemas da humanidade, como seja o Gênesis da Bíblia, em que o sopro de Deus (Eu) derrotado pelo sibilo da serpente (ego) é convidado a reconquistar o seu reino divino, "esmagando a cabeça da serpente".

Sendo que os primeiros 24 versículos deste capítulo não passam de uma longa enumeração das diversas tribos em luta, com seus nomes em sânscrito, omitimos esses versículos, que não interessam ao leitor ocidental, nem contêm ensinamento algum, e começamos o livro com o versículo 25, no qual começa o diálogo simbólico entre Arjuna e Krishna.

Fala Krishna:

25 — Eis aí reunidos os parentes dos Kurus!

Fala Sanjaya *(o historiador):*

26 — Então viu Arjuna, nos dois exércitos, homens ligados a ele pelos vínculos do sangue: pais, avós, mestres, primos, filhos, netos, sogros, colegas e outros amigos — todos armados em guerra contra ele.

27 — Com o coração dilacerado de dor e profundamente condoído, assim falou ele:

Fala Arjuna:

28 — Ó Krishna! Ao reconhecer como meus parentes todos esses homens, que devo matar, sinto os meus membros paralisados, a língua ressequida no paladar, o coração a tremer e os cabelos eriçados na cabeça... Falha a força do meu braço... Cai-me por terra o arco que tendera...

29 — Mal me tenho em pé... Ardem-me em febre os membros... Confusos estão os meus pensamentos... A própria vida parece fugir de mim...

30 — Nada enxergo diante de mim senão dores e ais... Que bem resultaria daí, ó Keshava[1], se eu trucidasse meus parentes?

31 — Não, Krishna, não quero vencer. Não quero, desse modo, conquistar soberania e glória, riqueza e prazer.

[1] Keshava — um dos muitos apelidos de Krishna (literalmente “de linda cabeleira”).

32 — Ó Govinda[2], como poderia semelhante vitória dar-me satisfação? Como me compensariam esses espólios da perda que sofreria? E que gozo teria ainda a minha vida, se a possuísse pelo preço do sangue dos únicos que me são caros, e sem os quais a vida me seria sem valor?

33 — Avós, pais e filhos, aqui os vejo. Mestres, amigos, cunhados, parentes — não, não os quero matar, ó, Senhor dos mundos! Nem que eles anseiem por derramar o meu sangue.

34 — Não os matarei, Madhusudana[3], ainda que com isso lograsse domínios sobre os três mundos — menos ainda me seduz a posse da terra.

35 — Dores somente me caberiam por semelhante mortandade.

36 — Mesmo que os filhos dos Dhritarashtras sejam pecadores, sobre nossa cabeça recairia a culpa, se os matássemos. Não, não é lícito matá-los. E como poderíamos ser felizes sem os nossos parentes, ó Madhava[4]?

37 — E se eles, obsedados de cobiça e cólera, não vêem pecado na rebeldia e no sangue derramado?

38 — Como poderíamos nós fazer o mesmo, ó Santo? Nós que vemos pecado em matarmos nossos parentes?

39 — Quando uma tribo se corrompe, perece a piedade, e com ela perece o povo — a impiedade é contagiosa!

40 — Corrompe-se a mulher, mesclando o puro com o impuro[5], e abre-se o inferno ao destruído e ao destruidor.

---

[2] Govinda — outro apelido de Krishna (literalmente "dono da vaca").

[3] Madhusudana — outro apelido de Krishna.

[4] Madhava — mais um dos apelidos de Krishna.

[5] Literalmente "castas (puras) com castas (impuras)".

41 — Até as divindades[6], privadas dos sacrifícios, tombam dos céus.

42 — E essa mescla de puros com impuros produz a ruína das famílias.

43 — E o destino do destruidor é o inferno, consoante as escrituras.

44 — Ai, que desgraça seria se trucidássemos nossos parentes, levados pela ambição do poder!

45 — Bem melhor seria se nos rendêssemos aos inimigos armados e nos deixássemos matar na luta, sem armas nem defesa.

46 — Assim dizendo, em pleno campo de batalha, deixou-se Arjuna tombar no assento da quadriga, e das mãos lhe caíram arco e flechas, porque trazia o coração repleto de amargura.

---

[6] Literalmente "ancestrais", que eram divinizados.

CAPÍTULO 2

Revelação da verdade

No meio desse desânimo de Arjuna, o ego humano, aparece Krishna, o Eu divino do homem, e lhe dá ordem para derrotar os usurpadores do seu trono e reino.

Arjuna, porém, recusa-se a derrotar os seus inimigos, por serem todos seus parentes, e faz ver a Krishna que é melhor ficar sem seu trono e reino do que recuperá-los à custa da morte de seus adversários.

Krishna, todavia, insiste em que Arjuna derrote os usurpadores do seu reino, uma vez que a justiça deve prevalecer contra a injustiça.

Pelo texto literal do poema, Krishna exige de Arjuna que mate seus inimigos, fazendo ver que o mal não está em privar alguém do seu corpo físico, uma vez que ninguém pode matar a alma de outrem.

Os intérpretes que seguem esse sentido literal fazem ver que o mal não consiste no ato físico de matar alguém, mas, sim, na atitude metafísica do ódio, e que, se alguém matasse outro sem ódio, não praticaria nenhum mal.

Essa interpretação, altamente metafísica, supõe uma humanidade inexistente aqui na terra; a humanidade do presente deve guiar-se pela proibição categórica "não matarás".

Em face disso, e em vista de uma humanidade imperfeita, os mestres espirituais preferem interpretar simbolicamente a luta de Arjuna e a ordem de Krishna para matar seus inimigos. Segundo esse sentido alegórico, Arjuna tem ordem do seu Eu divino para superar o ego humano e conquistar o trono da sua sabedoria espiritual. É fora de dúvida que, para o grosso da humanidade atual, é preferível essa interpretação alegórica, embora não seja talvez o sentido literal do texto.

Pelo fim deste capítulo, entra o Bhagavad Gita *propriamente no âmago do seu objetivo: a prática do verdadeiro* yôga, *pela qual o homem se liberta totalmente da escravidão do seu ego físico, mental e emocional. Através dos 16 capítulos subseqüentes, desenvolve Krishna este tema central da filosofia hindu: a auto-realização do homem pelo autoconhecimento.*

Fala Sanjaya:

1 — A ele, que estava repleto de amargura e com os olhos cheios de lágrimas, dirigiu-se Madhusudana e o consolou com as seguintes palavras:

Fala Krishna:

2 — Neste momento decisivo, ó Arjuna, por que te entregas a semelhante desânimo, indigno de um Ariano[7], e que te fecha os céus?

3 — Não cedas à fraqueza, que de nada serve. Enche-te de coragem contra teus inimigos e sê o que realmente és[8]!

Fala Arjuna:

4 — Mas como posso lutar, ó Madhusudana, e lançar flechas contra Bhishma e Drona[9], se ambos merecem a minha reverência e simpatia?

5 — Bem melhor seria comer pão mendigado neste mundo do que trucidar esses grandes chefes. E se os matasse, manchado de sangue, que seriam toda a minha riqueza e os prazeres da terra?

---

[7] Ariano (ou Ário) — nobre, valente.

[8] Krishna, o homem cósmico, anima Arjuna, o homem terrestre, a ser explicitamente o que ele é implicitamente, a atualizar as suas potencialidades latentes, a despertar em si o "Eu divino", "reino de Deus", como diria o Cristo.

[9] Bhishma e Drona — chefes dos dois exércitos adversos, simbolizando as principais forças do ego humano em luta contra o Eu divino no homem.

6 — Melhor seria sucumbir às mãos deles, donde deriva gozo e felicidade, do que matá-los, a esses, sem os quais não teria fim o vácuo da minha vida.

7 — Com a alma repleta de temor e compaixão, eu te suplico, Senhor, faze-me saber qual o caminho certo. Eu, teu discípulo, me refugio a ti para saber o que devo fazer e deixar de fazer.

8 — De que me serviria um reino próspero se não me libertar de culpa? De que me serve possuir o mundo se os que amo não mais existem?

Fala Sanjaya:

9 — Assim falava Arjuna ao Senhor dos corações. "Não, não quero lutar!", suspirou — e calou-se.

10 — Krishna, porém, sorrindo benevolamente, ali mesmo, em face dos dois exércitos, assim falou ao desanimado:

Fala Krishna:

11 — Andas triste por algo que tristeza não merece — e tuas palavras carecem de sabedoria. O sábio, porém, não se entristece com nada, nem por causa dos mortos, nem por causa dos vivos.

12 — Nunca houve tempo em que eu não existisse, nem tu, nem algum desses príncipes — nem jamais haverá tempo em que algum de nós deixe de existir em seu Ser real[10].

13 — O verdadeiro Ser vive sempre. Assim como a alma incorporada experimenta infância, maturidade e velhice dentro do mesmo corpo, assim passa também de corpo a corpo — sabem os iluminados e não se entristecem.

---

[10] Com essas e as seguintes palavras, procura Krishna mostrar a Arjuna que a destruição física do nosso corpo material não equivale à destruição metafísica do corpo imaterial, isto é, da individualidade. E o mal não está no fato objetivo da morte física, mas sim na realidade metafísica da nossa alma.

14 — Quando os sentidos estão identificados com objetos sensórios, experimentam sensações de calor e de frio, de prazer e de sofrimento — essas coisas vêm e vão; são temporárias por sua própria natureza. Suporta-as com paciência!

15 — Mas quem permanece sereno e imperturbável no meio de prazer e sofrimento, somente esse é que atinge imortalidade.

16 — O que é irreal não existe, e o que é real nunca deixa de existir. Os videntes da Verdade compreendem a íntima natureza tanto disto quanto daquilo, a diferença entre o Ser e o parecer.

17 — Compreende como certo, ó Arjuna, que indestrutível é aquilo que permeia o Universo todo; ninguém pode destruir o que é imperecível, a Realidade.

18 — Perecíveis são os corpos, esses templos do espírito — eterna, indestrutível, infinita é a alma que neles habita. Por isso, ó Arjuna, luta!

19 — Quem pensa que é a alma, o Eu, que mata, ou o Eu que morre, não conhece a Verdade. O Eu não pode matar nem morrer.

20 — O Eu nunca nasceu nem jamais morrerá. E uma vez que existe, nunca deixará de existir. Sem nascimento, sem morte, imutável, eterno — sempre ele mesmo é o Eu, a alma. Não é destruído com a destruição do corpo (material).

21 — Quem sabe que a alma de tudo é indestrutível e eterna, sem nascimento nem morte, sabe que a essência não pode morrer, ainda que as formas pereçam.

22 — Assim como o homem se despoja de uma roupa gasta e veste roupa nova, assim também a alma incorporada se despoja de corpos gastos e veste corpos novos[11].

---

[11] Não afirma Krishna que o homem torna a vestir o mesmo corpo, velho, material, mas, sim, que veste corpo novo, imaterial, como escreve São Paulo aos cristãos de Corinto: "Se há corpo material, há também corpo espiritual; pois nem todos os corpos são da mesma natureza. Im-

23 — Armas não ferem o Eu, fogo não o queima, águas não o molham, ventos não o ressecam.

24 — O Eu não pode ser ferido nem queimado; não pode ser molhado nem ressecado — ele é imortal; não se move nem é movido, e permeia todas as coisas — o Eu é eterno.

25 — Para além dos sentidos, para além da mente, para além dos efeitos da dualidade habita o Eu. Pelo que, sabendo que tal é o Eu, por que te entregas à tristeza, ó Arjuna?

26 — Se o ego está sujeito às vicissitudes de nascer e morrer, nem por isso deves entristecer-te, ó Arjuna.

27 — Inevitável é a morte para os que nascem; todo o morrer é um nascer — pelo que, não deves entristecer-te por causa do inevitável.

28 — Imanifesto é o princípio dos seres; manifesto o seu estado intermediário; e imanifesto é também o seu estado final. Por isso, ó Arjuna, que motivo há para tristeza?

29 — Alguns conhecem o Eu como glorioso; alguns falam dele como glorioso; outros ouvem falar dele como glorioso; e outros, embora ouçam, nada compreendem.

30 — Eterno e indestrutível é o Eu, que está sempre presente em cada ser. Por isso, ó Arjuna, não te entristeças com coisa alguma.

31 — De mais a mais, visando ao teu próprio dever, não vaciles, porquanto para um príncipe da classe dos guerreiros nada é superior a uma guerra justa[12].

---

porta que esse corpo corruptível revista a incorruptibilidade, e que esse corpo mortal revista a imortalidade".

[12] Que entende Krishna por uma "guerra justa"? Evidentemente, a que não é travada em nome do ego, que age impelido por ódio, mas em nome do Eu espiritual, que age por amor a uma causa espiritual, sagrada, pois o mal da guerra não está em que o ego, hábil e perverso político, facilmente declare "justa" qualquer guerra travada em nome do ódio, camuflado de dever. Quando Jesus expulsou os vendilhões do templo, não agiu em

32 — Felizes deveras são os guerreiros chamados a lutar numa batalha dessa natureza, que lhes vem espontaneamente como uma porta aberta para os céus.

33 — Mas, se não combateres esse bom combate, incorrerás em pecado, pelo fato de abandonares o teu dever e a tua honra.

34 — E os homens falarão de tua indelével desonra — e pior que a morte é, certamente, a desonra.

35 — E os grandes chefes de guerra pensarão que fugiste do campo de batalha por covardia; e os que te dedicavam elevada estima te desprezarão.

36 — E os teus inimigos falarão mal da tua bravura — e que coisa poderia haver pior do que esta?

37 — Se fores morto na batalha, entrarás nos céus; se fores vencedor, gozarás a terra. Pelo que, Arjuna, tem coragem e resolve lutar!

38 — Aceitando prazer e sofrimento, ganho e perda, vitória e derrota com a mesma serenidade de espírito, entra na peleja — e não pecarás!

* * *

39 — O que até aqui te expus, ó Arjuna, é a doutrina sobre o Eu e o não-Eu. Agora te revelarei o caminho de *yôga*, em virtude de cujo conhecimento e prática serás capaz de libertar-te da concatenação do teu próprio destino (karma)[13].

---

nome do ego profano, mas do Eu sagrado. Mas onde estão os homens bastante crísticos para agir deste modo?... Guerra justa é superar o ego pelo Eu.

[13] Insinuam essas últimas palavras que, até aqui, Krishna expôs a seu discípulo a doutrina dualista de Sankhya e que, a partir daqui, vai explicar-lhe a grandiosa verdade monista do *yôga*, isto é, "união" do finito com o Infinito, em virtude da qual pode o homem, pecador pelo seu ego humano, realizar a sua redenção pelo Eu divino. Pecado e redenção, Satã e Cristo, estão, potencialmente, dentro de toda a criatura humana. Perdição e

40 — Na prática de *yôga*, nenhuma atividade redunda em perda, nem é possível uma aberração nesse caminho; qualquer progresso, no *yôga*, por menor que seja, liberta o homem da ominosa rotina de nascer e morrer (sansara).

41 — Pela prática de *yôga*, torna-se a mente unipolarizada e calma, ao passo que a mente pluripolarizada se ramifica em pensamentos dispersivos sem fim.

42-44 — Homens sem sabedoria deliciam-se na análise da simples letra dos Vedas[14], declarando que nada há para além do texto. Os que estão cheios de desejos egoístas consideram o céu como meta final, louvando excessivamente complicados rituais e cerimônias multiformes, com o fim de conseguirem poder e prazer em encarnações futuras. Todos os que visam ao poder e ao prazer têm da Verdade uma visão imperfeita, desorientados como estão no seu critério. Não acertaram com a senda da sabedoria. Perderam o caminho reto do seu destino. Não atingiram a experiência espiritual.

45 — Os Vedas tratam dos três atributos[15] da Natureza. Tu, porém, Arjuna, remonta para além desses pares de opostos e estabelece-te firmemente na Verdade; não te apegues a lucros nem posses materiais; firma-te no Eu — e destarte encontrarás libertação deste mundo relativo e emancipação dos seus atributos.

---

redenção não vêm de fora do homem, mas são a evolução da sua própria natureza, dessa misteriosa dicotomia do ego-Eu. Essa entrada no nirvana do Cristo interno liberta o homem do karma do seu Lúcifer interno, como faz ver o Nazareno no "Sermão da Montanha", carta-magna de autoredenção.

[14]Vedas — isto é, visão, conhecimento — é a Bíblia do Oriente, da qual faz parte o Mahabharata, que poderíamos considerar como o paralelo ao "Novo Testamento", cujo coração é o Evangelho, comparável ao Bhagavad Gita. O que Krishna expõe a Arjuna sobre a letra e o espírito dos Vedas é um paralelo às palavras do apóstolo Paulo: "A letra mata, o espírito é que dá vida". Aos chefes da sinagoga, que só conheciam o texto bíblico, mas não o seu espírito, diz Jesus: "Guias cegos guiando outros cegos! Vós roubastes a chave do conhecimento (em grego gnosis, em sânscrito vedas) do reino de Deus; vós mesmos não entrais, nem permitis que entrem os que desejariam entrar".

[15]As "gunas", explicadas no capítulo 14.

46 — Para o homem que em si realizou Brahman, o Espírito Absoluto, valem tanto os livros sagrados quanto valem para um lago as torrentes em tempo de enchente, quando há água por toda a parte.

47 — Agir é tua missão; mas não deves visar aos frutos da tua atividade. Não permitas que a tua atividade seja inspirada pelo desejo dos seus frutos — mas não caias na inatividade!

48 — Penetrado do espírito de *yôga*, ó príncipe, realiza os teus trabalhos e mantém-te em sereno equilíbrio, na certeza de que tanto o sucesso quanto o insucesso são bons. Essa serenidade interior é o *yôga*.

49 — Trabalho sem a verdadeira compreensão e a consciência de Deus torna-se causa de escravidão. Por isso, ó príncipe, guia-te pela razão pura oriunda da visão do Eu. Os que trabalham com apego aos frutos da sua atividade são deploráveis mercenários utilitaristas.

50 — Se seguires o caminho da razão pura guiada por uma visão perfeita, alcançarás a felicidade nesta vida, ultrapassando a consciência da virtude e do vício. Pelo que, segue firmemente esse caminho. *Yôga* dá sabedoria em tudo.

51 — Sábios dotados de perfeita sabedoria não se apegam aos frutos do seu trabalho, e com isto se libertam para sempre da escravidão de nascimento e morte, e atingem o estado de beatitude absoluta[16].

---

[16] Enquanto o homem continua apegado aos frutos do seu trabalho — dinheiro, louvores, reconhecimento, gratidão, resultados objetivos de qualquer espécie, até mesmo o céu como prêmio externo —, prossegue ele no caminho infeliz do sansara, do nascer, viver e morrer; mas se se libertar desse apego e trabalhar com perfeição, entusiasmo e alegria, sem pensar nas conseqüências externas do trabalho, nem mesmo num céu objetivo e póstumo, então entrará na grande liberdade do nirvana, que é um glorioso e eterno viver, sem nascer nem morrer. A reencarnação física é um castigo que o homem inflige a si mesmo por não se ter libertado plenamente da escravidão do "ter" e entrado na liberdade plena do seu "ser".

52 — Quando o teu conhecimento se libertar de qualquer ilusão, então compreenderás a verdade daquilo que ouviste e ainda ouvirás, e te possuirás a ti mesmo imperturbavelmente.

53 — Anuviou-se a tua mente e dúvidas se apoderaram de ti porque deste ouvidos a opiniões contraditórias; quando ela se tornar pura, iluminada e firmemente estabelecida no Eu, então atingirás a tua auto-realização.

Fala Arjuna:

54 — Explica-me, ó Mestre, quais as características de um homem que tenha atingido perfeita sabedoria por experiência espiritual absoluta (samadhi); como fala um homem auto-realizado? Como é que ele vive e age?

Fala Krishna:

55 — Quando o homem é perfeitamente liberto de todos os desejos do ego finito e alcança a paz da alma pela realização do Eu divino, então é um homem de perfeita sabedoria.

56 — Quando alguém permanece calmo e sereno no meio de sofrimentos, quando não espera receber do mundo objetivo permanente felicidade e quando é livre de apego, medo e ódio — então é ele um homem de perfeita sabedoria.

57 — Quando não é apegado a um e indiferente a outro; enquanto não se alegra em excesso com o que é agradável, nem se entristece excessivamente com o que é desagradável — então é ele um homem de perfeita sabedoria.

58 — Quando o *yogui* é capaz de retrair totalmente os seus sentidos dos objetos sensórios, assim como a tartaruga retrai para dentro de si os seus membros — então está firmemente estabelecido na sabedoria.

59 — Pela prática da abstenção pode alguém amortecer os seus sentidos e torná-los insensíveis aos prazeres sensitivos; mas não se torna necessariamente insensível aos desejos dos mesmos; o desejo dos prazeres sensitivos cessa somente quando o homem entra em contato com o Espírito Supremo dentro dele[17].

60 — Ó Arjuna! Os sentidos descontrolados arrebatam com violência a mente, até do homem sábio em demanda da perfeição, se não tiver a devida compreensão.

61 — Por isso o *yogui* domina os seus sentidos, dirigindo-os a mim, e assim se torna ele firmemente estabelecido em mim, o Ser Supremo. O homem que tem perfeito domínio sobre os seus sentidos é um sábio.

62 — Quem pensa sempre em objetos sensórios apega-se a eles; desse apego nasce o prazer e o prazer gera inquietação.

63 — A inquietação produz ilusão; a ilusão destrói a nitidez da discriminação; e, uma vez destruída a discriminação, esquece-se o homem da sua natureza espiritual — e com isso vai rumo ao abismo.

64 — Mas o homem que possui domínio sobre o mundo dos sentidos e da mente, sem odiar nada nem se apegar a nada, orientado pelo Eu central, este encontra a paz.

65 — Essa paz neutraliza todas as inquietações, e o homem que goza de paz goza verdadeira beatitude — e acaba por superar também os males externos.

66 — Impossível a aquisição da sabedoria pela mente descontrolada; impossível a meditação para o homem inquieto! E se o homem não encontrar a paz dentro de si, como pode ser feliz?

67 — O homem sem domínio sobre a sua mente e seus sentidos é como um navio levado à mercê das ondas.

68 — Homem de perfeita sabedoria é o que possui perfeito domínio sobre seus sentidos com relação aos objetos sensórios.

---

[17] Alusão à mais alta meta de Kriya-yôga: o completo domínio das forças vitais do kundalini pela compreensão espiritual. "Quem puder compreendê-lo, compreenda-o!"

69 — Onde para outros reina a escuridão, lá enxerga ele claridade; e onde o profano fala em dia cheio de luz, lá o vidente espiritual não vê senão a noite tenebrosa da ignorância.

70 — Todos os rios deságuam no oceano, mas o oceano não transborda, e em suas profundezas reina imperturbável tranqüilidade — assim é o homem iluminado pelo conhecimento de si mesmo: de todas as partes o invadem as impressões dos sentidos — e submergem todas no seu Eu imóvel e imperturbável.

71 — Livre de todos os desejos, é o homem senhor, e não servo dos prazeres; livre de propriedade, une-se ele com o Todo e encontra a paz verdadeira.

72 — Isso se chama viver na consciência de Brahman[18]. Quem atingiu esse estado nunca mais pode recair na ilusão antiga; e, vivendo nesse estado de consciência, o *yogui* alcança, finalmente, libertação absoluta, na experiência da sua união com Brahman (nirvana).

---

[18] Disse Deus: "Anda na minha presença e sê perfeito!" (Bíblia). Disse Jesus: "Orai sempre, e nunca deixeis de orar" (Evangelho). "Orar sempre" é uma permanente atitude do nosso Eu verdadeiro, um estado de consciência espiritual que permeia todos os atos externos. "Eu e o Pai somos um." "O Pai está em mim, e eu estou no Pai." "Já não sou eu que vivo — o Cristo vive em mim... O meu viver é o Cristo."

CAPÍTULO 3

Yôga de ação

Neste capítulo aborda Krishna o assunto básico do Bhagavad Gita *e de toda a filosofia cósmica da Índia: o* reto-agir *(naiskarman) substituindo o* falso-agir *(vikarman) e o* não-agir *(akarman).*

Existe no Oriente uma tendência de passividade, nascida da convicção de que todo o agir do homem profano é negativo, mau, pecaminoso, porque o homem profano age em nome de seu ego e por amor a ele, que é uma ilusão.

Krishna, porém, e outros mestres iluminados não advogam essa passividade do não-agir, mas recomendam uma terceira atitude, eqüidistante do falso-agir do profano e do não-agir do místico; insistem no reto-agir do homem cósmico. O reto-agir consiste em agir em nome e por amor do Eu central (Atman) do homem, embora o ego periférico (Aham) possa servir como canal e veículo dessas águas vivas que emanam da fonte divina do homem.

Para que seja possível essa terceira atitude do homem, é indispensável que ele conheça intuitivamente o seu Eu central, que em sânscrito se chama Atman, nos livros sacros do cristianismo aparece como alma ou espírito, e na filosofia e psicologia ocidental é denominado Eu (Self, Selbst). No Evangelho do Cristo, esse Eu central do homem aparece muitas vezes como Pai, Luz, Reino de Deus, Tesouro Oculto, Pérola Preciosa, etc.

Quando o homem age em nome desse seu Eu divino e por amor a ele, embora pelo seu ego humano, não somente não acumula débito ou karma, mas também se liberta dos débitos do passado.

De maneira que, no Bhagavad Gita, *Krishna atinge o zênite da auto-realização do homem baseado no mais alto conhecimento do seu ser divino formando perfeito paralelo às palavras do Cristo: "Conhecereis a verdade e a verdade vos libertará".*

Disse Arjuna a Krishna:

1 — Ó Senhor Bendito! Se é verdade que mais vale a sabedoria do que a ação, por que então me convidas a me envolver nessa luta horrível?

2 — As tuas palavras contraditórias encheram-me de confusão a mente. Pelo que, dize-me claramente: qual dos dois caminhos é melhor para mim?

Responde Krishna a Arjuna:

3 — Já te disse, ó príncipe. Dois caminhos de libertação se abrem diante de ti: o caminho da sabedoria, para os que estão dispostos a meditar — e o caminho da ação, para os que preferem agir sem apego.

4 — Entretanto, esses dois caminhos são um só: ninguém se liberta da escravidão do seu agir pelo fato de não agir — e ninguém atinge a perfeição interior só por desistir da atividade externa.

5 — Ninguém pode existir um só momento sem agir; a própria natureza o compele a agir, mesmo sem querer; pensar também é agir no mundo mental.

6 — Quem é externamente inativo, mas cede a desejos internos, este ilude a si mesmo.

7 — Mas aquele que, pelo poder do espírito, alcançou perfeito domínio sobre seus sentidos e realiza todos os atos externos, ficando internamente desapegado deles — esse homem possui sabedoria.

8 — Cumpre, pois, o teu dever consoante a lei! Atividade é melhor que inatividade! Até a conservação do teu corpo exige ação; nem há santidade sem ação.

9 — Toda ação que não for praticada como um ato de culto divino redunda em escravidão. Pelo que, Arjuna, sê livre do apego e pratica os teus atos como um culto divino! Sejam as tuas atividades atos de adoração!

10 — No princípio, quando o Senhor da criação fez os homens e lhes infundiu o anseio da perfeição, disse-lhes: "Ide e realizai a lei do vosso interior! Multiplicai-vos e, pelo cumprimento da lei interna, tereis abundância de tudo!

11 — Descerá sobre vós a bênção dos seres superiores, se os cultivardes; e a prosperidade que demandais vos será dada como prêmio do culto que lhes prestardes".

12 — Aquele, porém, que goza os dons dos seres superiores e prospera com seus favores, mas retém tudo para si, sem nada restituir aos céus donde veio — este é ingrato e ladrão.

13 — Os sábios, libertos da sua ignorância, vivem do fruto das suas atividades espirituais. Mas os que trabalham somente por lucro pessoal procedem mal e colherão o fruto dos seus atos maus.

14 — Tudo vive do alimento material — mas o alimento material vem do imaterial. O imaterial é produzido pela invisível essência dos atos.

15 — A fonte dos atos é Brahman[19], o Uno que enche o Universo e está presente em todos os atos.

16 — Quem não observa isto, ó Arjuna, quem recusa cumprir a ordem do mundo mediante seus atos e só visa ao seu gosto pessoal, esse aberra do seu destino e vive em vão.

---

[19] Brahman (neutro) é a Divindade Universal, a Essência Absoluta; Brahma (masculino) é o Deus-criador, a Existência Relativa. Como Brahman, é Deus transcendente e incognoscível pelo cognoscente finito; como Brahma, é Deus imanente em qualquer criatura e, portanto, cognoscível pelo cognoscente finito. Como Brahman, é Deus tanto o *Todo* quanto o *Nada*, ambos inatingíveis pelo conhecedor finito; somente como Brahma, o Algo imanente na criação, é que o conhecedor finito pode ter consciência da Divindade, embora sempre imperfeita, uma vez que "o conhecido está no cognoscente segundo o modo do cognoscente".

17 — Mas quem habita no céu do seu divino Eu, em harmonia consigo mesmo e sem desejos, esse não age mais por um dever, pois já não é ele que age, uma vez que todos os motivos pessoais deixaram de existir.

18 — Porquanto, esse homem é uno com Aquele que não é afetado pelo que acontece ou não acontece no mundo externo; nem carece de auxílio algum.

19 — Pelo que, realiza o teu trabalho para que aconteça o que deve acontecer, mas age sem apego nem interesse. Assim atingirás o Ser Supremo e entrarás na perfeita quietação (nirvana).

20 — Janaka e outros heróis alcançaram perfeição por meio de obras e ajudaram a humanidade — assim age também tu por amor à humanidade.

21 — Os outros aceitam o que o sábio lhes dá; as multidões imitam o exemplo dos mestres, sem pensarem se é bom ou mau.

22 — Na tríplice manifestação do meu Universo, eu não sou forçado a agir; nada há que me prenda ou que eu procure possuir — e, no entanto, estou presente e ajo sem cessar em todas as coisas.

23 — Se eu não agisse sem cessar e me retirasse das minhas manifestações, a humanidade em peso ficaria sem luz nem orientação e acabaria por se perder.

24 — Se, por um só momento, eu deixasse de agir, pereceria o mundo inteiro[20], vítima do caos — e minha seria a culpa da ruína da humanidade.

---

[20] "Deus é pura atividade" (Aristóteles). "Meu Pai age sempre, e eu também ajo" (Jesus, o Cristo). A Realidade — dizem os grandes filósofos — não é um ser estático (*Sein, To be*), mas um devir dinâmico (*Werden, To become*). Paralelamente a essa intuição espiritual, descobriu a ciência nuclear dos nossos dias que o mundo físico, que aos nossos sentidos parece ser estático e sólido, é, na realidade, um processo dinâmico e fluido; no seu livro sobre o "Campo Unificado", afirma Einstein que a substância de todas as coisas — desde o hidrogênio até o urânio — é luz cósmica, radiação.

25 — Assim como o insensato se esforça por realizar os seus desejos com apego, do mesmo modo deve o sábio esforçar-se por realizar os seus trabalhos liberto da ilusão do ego.

26 — Não se limite o sábio a querer iluminar os que estão apegados aos sentidos e aos atos sensoriais, instruindo-os com palavras — pratique ele mesmo atos livres de apego tendentes à realização do Eu; destarte conduzirá os ignorantes à sabedoria por meio de atos.

27 — Todos os trabalhos e ações têm a sua origem nos três atributos da natureza; o insensato, obcecado pelo orgulho, quando realiza uma obra, pensa: "Sou eu que faço isto", "fui eu que fiz aquilo".

28 — Mas aquele que conhece, na verdade, as forças que movem a natureza, governam o mundo visível e conferem aos corpos as propriedades que eles possuem por algum tempo — esse não está ligado por tais obras, embora trabalhe e as realize pessoalmente.

29 — Quem não conhece as forças ocultas pelas quais a natureza realiza as suas obras é ligado pelas obras da natureza; o sábio, porém, que conhece a verdade, não deve favorecer o erro dos outros.

30 — Tu, porém, ó Arjuna, refere a mim, a fonte do Ser, todos os teus atos! Supera todos os desejos pessoais e o egoísmo! Liberta-te de apego e de tristeza!

31 — Os que estão repletos do meu espírito e cheios de confiança, praticam essa doutrina, encontram redenção por meio das obras, as quais, nesse caso, são obras minhas[21].

---

[21] Agir intensamente, sem ser escravo de nenhum dos seus atos — é essa a excelsa sabedoria que permeia todas as páginas do *Bhagavad Gita*. O homem ocidental, via de regra, é dinamicamente ativo e escravo da sua atividade; o oriental é inclinado a ser estaticamente passivo — nenhum dos dois se guia pela suprema sabedoria. Assim como, em geral, o cristão ocidental não se guia pela sabedoria crística do Evangelho que diz professar, de modo análogo o místico oriental nem sempre orienta a sua vida pela

32 — Todavia, aquele que, cheio de ego-complacência, despreza a lei e a mim, que julga trabalhar muito e age sem fé nem compreensão — este é insensato e acabará na perdição.

33 — Age também o sábio consoante a medida da sua sabedoria; a atividade de cada criatura nasce da natureza do seu ser.

34 — Ninguém pode subtrair-se à lei que o governa. Os objetos sensórios governam os sentidos, criando amor ou ódio no coração do homem sem critério. Não permitas que algum desses dois te domine, porque são poderes que obstruem o caminho da auto-realização e da paz.

35 — Melhor é viver segundo a consciência própria, mesmo imperfeitamente, do que se guiar, com perfeição, pela consciência alheia; melhor é morrer no cumprimento do dever do que viver com temor, à mercê de instintos inferiores.

Fala Arjuna:

36 — Qual o poder, Mestre, que impele o homem a cometer pecado e, contra a sua vontade, o obriga a isto?

Fala Krishna:

37 — É o veemente desejo oriundo do amor à posse; é este o maior inimigo do homem, vítima da ignorância, que o leva à perdição[22].

38 — Assim como a chama é envolta em fumaça, como o espelho se cobre de pó, como o embrião é circundado pela membrana no

---

mística dinâmica dos seus grandes mestres. *Atividade dinâmica e passividade estática* — são dois extremos, do Ocidente e do Oriente. *Passividade dinâmica* ou *atividade mística* seria suprema sabedoria e perfeição, que poucos alcançam. Quando surgirá sobre a face da terra esse *homem cósmico*?...

[22] "A cobiça é a raiz de todos os males" (Bíblia). "Ninguém pode servir a dois senhores: a Deus e às riquezas" (Jesus, o Cristo).

ventre materno — assim é o Eu do homem envolto pelos desejos do mundo objetivo.

39 — Até o sábio, ó Arjuna, é tentado pelo fogo do desejo, seu contínuo inimigo, que com disfarces vários o alicia.

40 — Os sentidos, o intelecto e as emoções são o habitáculo desses desejos objetivos; são eles que anuviam a razão e roubam ao homem que a eles sucumbe a luz do conhecimento.

41 — Pelo que, nobre herói dos lutadores, controla os teus sentidos e governa o coração! Supera esse mundo objetivo, que instiga ao mal e destrói a sabedoria!

42 — Fortes são os sentidos (kama); mais forte é a mente (manas); mais forte ainda é a alma (buddhi) — e acima de tudo está a luz divina da Verdade (Atman).

43 — Uma vez que conheceste o Eu Supremo, supera os sentidos, a mente e as emoções, pelo poder do EU SOU. Derrota os teus inimigos, que, em formas várias, a ti se apresentam[23].

---

[23] Nessas últimas palavras aparece nitidamente o sentido simbólico da luta que Arjuna enfrenta: os inimigos que usurparam o trono da alma são os sentidos, a mente e as emoções, que devem ser superados para que o príncipe Espírito (alma) possa ocupar o trono que lhe compete e proclamar o reino de Deus. Arjuna, o irredento, deve ser redento por Krishna, o redentor — e esse Krishna-redentor dormita também nas profundezas da alma de Arjuna, o homem irredento, porém redimível. Essa mesma doutrina do "Cristo interno no homem" vai através de todo o Evangelho, embora as teologias eclesiásticas tenham interpretado dualisticamente esse grandioso monismo místico do Evangelho de Cristo.

CAPÍTULO 4

Da experiência espiritual

Neste capítulo Krishna explica, mais amplamente, o modo pelo qual se manifesta no homem cósmico o reto-agir recomendado no capítulo anterior. Quem age por amor a qualquer fruto do seu trabalho — louvores, gratidão, aplausos, recompensa qualquer —, este é escravo de um falso-agir e se onera de débitos toda vez que age desse modo. Mas quem age unicamente por amor à realização do seu Atman, ou alma, indiferente aos resultados, este age corretamente e se auto-realiza e redime pelo seu agir.

No Evangelho do Cristo aparece esta grande verdade nas palavras seguintes: "Que aproveita ao homem ganhar o mundo inteiro, se sofrer prejuízo em sua própria alma?"

No Tao Te Ching, *de Lao-Tsé, isso se chama* wu-wei, *agir pelo não-agir.*

Fala Krishna:

1 — Em tempos idos, transmiti essa doutrina da imortalidade ao senhor da luz, Vivasvan[24]; dele passou para Manu[25], o qual a ensinou a Ikshvaku[26].

2 — E assim, por tradição, chegou ao conhecimento dos Rishis[27], mestres de *yôga*, que estimavam essa doutrina. No decorrer dos

---

[24] Vivasvan — é o sol espiritual do Universo.

[25] Manu — é o paralelo ao Adi-aham (Adam) da Bíblia.

[26] Ikshvaku — corresponde ao Noé bíblico, pai da humanidade atual.

[27] Rishis — ou videntes, são os sábios e patriarcas.

tempos, porém, começou ela a ser obliterada, até finalmente desaparecer.

3 — A ti, caro príncipe, que és meu amigo e devotado cultor, quero de novo revelar essa doutrina de *yôga*, que é profunda e misteriosa.

Fala Arjuna:

4 — Tu, Senhor, nasceste muito depois de Vivasvan; como, pois, devo entender que foste tu que revelaste essa doutrina?

Fala Krishna:

5 — Muitas vezes já nascemos, eu e tu; tu, ó vencedor, esqueceste os teus nascimentos; eu, porém, conheço todos os meus.

6 — Na minha Divindade, sou sem nascimento nem morte, eterno e senhor de tudo o que nasce e existe; e, contudo, os meus deuses nascem, vêm e vão. Ao efêmero reflexo no espelho da Natureza imprimo o sigilo da minha Divindade, pela alta magia do meu espírito[28].

7 — Toda vez que a ordem morre e a desordem impera, torno a nascer em tempo oportuno — assim exige a Lei.

8 — Para proteger o bem e destruir o mal, encarno no seio da humanidade, ensinando o caminho que leva à auto-realização.

9 — Aquele que compreende a minha vocação divina e o mistério da minha encarnação não tem necessidade de nascer novamente após a morte, aqui na terra, ó príncipe; ele vem a mim, ditoso[29].

---

[28] "No princípio era o Verbo..." o Cristo Cósmico, que, mais tarde, quando "o Verbo se fez carne", apareceu entre nós como o Cristo telúrico, servindo-se da natureza humana de Jesus de Nazaré. "Antes que Abraão fosse feito, eu sou..." "Glorifica-me, ó Pai, com aquela glória que eu tinha em ti, antes que o mundo existisse" (Jesus, o Cristo). "O Cristo é o primogênito de todas as criaturas, visíveis e invisíveis" (Paulo, o apóstolo).

[29] Sendo que o renascimento físico é um castigo que a si mesmo inflige o homem que não renasceu pelo espírito, está isento dessa reencarnação

10 — Libertos de apego, paixão e temor pelo poder da meditação e da sabedoria; purificados no fogo do amor; esses, após a morte, ingressam no meu Ser.

11 — Quem me adora é elevado a mim; andará nos meus caminhos, e eu satisfarei todos os seus desejos[30].

12 — Quem espera recompensa pelo serviço a mim prestado, esse cultua entidades inferiores; quem visa ao sucesso nas coisas deste mundo, facilmente o terá.

13 — Consoante o talento e a capacidade de cada um, estabeleci classes entre os homens, superiores e inferiores; mas eu mesmo, que crio as mutações, sou imutável e transcendente a elas.

14 — Eu, que ajo, não sou afetado por minhas ações, nem viso ao fruto da minha atividade. Quem isso compreende pode agir sem estar apegado ao que faz; não deseja lucro; quem está unido a mim é livre e imaculado em suas obras.

15 — Em tempos idos, os que buscavam libertação sabiam disso e, agindo com liberdade, eram remidos — age tu como eles.

16 — Que é o reto-agir? Que é o falso-agir? — perguntam sábios e poetas. Eu te ensinarei o que é reto-agir que gera liberdade.

17 — Escuta, pois, e compreende a diferença entre o reto-agir, o falso-agir e o não-agir — problema difícil de discernir!

18 — Quem age sem perder o repouso interno, e quem vê ativida-

---

todo homem que renasce espiritualmente; liberto do fastidioso sansara do nascer, viver, morrer e renascer fisicamente, entra no glorioso nirvana do eterno viver. “Carne e sangue não podem herdar o reino de Deus” (Paulo, o apóstolo). “São filhos de Deus os que nasceram, não do desejo do varão, nem do desejo da carne, nem (da fusão) dos sangues, mas de Deus” (João, o evangelista). “Quem não nascer de novo pelo espírito não pode ver o reino de Deus” (Jesus, o Cristo).

30 “Procurai em primeiro lugar o reino de Deus e sua harmonia e todas as outras coisas vos serão dadas de acréscimo” (Jesus, o Cristo).

de na inatividade — este é um sábio; quer ativo, quer inativo, sempre realiza o seu dever e age corretamente.

19 — O seu trabalho é livre da maldição do egoísmo; o seu desejo de recompensa foi consumido no fogo do conhecimento sagrado — este é um santo, porque santo é o espírito que o anima[31].

20 — Não se compraz em nenhum fruto do seu trabalho nem se apega a objeto algum da natureza; habita, sempre sereno, na paz do seu Eu, porque sabe que não é ele que age, mesmo quando realiza alguma obra[32].

21 — Não espera lucro nem receia perda; vive todo em si mesmo, senhor dos seus sentimentos e pensamentos, enquanto age, rei no reino da sua alma.

22 — Habita puro no meio dos impuros; aceita com serenidade todos os acontecimentos; nenhuma adversidade o abate, nenhuma prosperidade o exalta; ele é sempre o mesmo.

23 — Por entre prazeres e sofrimentos, cada uma das suas obras é feita no espírito de Deus, holocausto no altar do devotamento, consumido pelo fogo do puríssimo amor.

24 — Deus é o amor, Deus é o holocausto, Deus é o fogo, Deus é o sacrificante; de maneira que quem age com a consciência em Deus realiza Deus em si, o Eu Supremo.

---

[31] Essa atividade na inatividade, esse agir pelo não-agir, o reto-agir, é que Lao-Tsé no *Tao Te Ching* chama *wu-wei*, agir sem apego. "Quando tiverdes feito tudo o que fazer devíeis, dizei: somos servos inúteis; cumprimos a nossa obrigação — nenhuma recompensa merecemos por isso" (Jesus, o Cristo).

[32] "As obras que faço não sou eu que as faço, mas o Pai que em mim está é que faz as obras... A minha doutrina não é minha, mas daquele que me enviou. Quando vos arrastarem às sinagogas e aos tribunais, não vos preocupeis com as palavras e o modo como haveis de falar, porque, nesse momento, vos será dado pelo espírito de meu Pai o que haveis de dizer; pois não sois vós que falais, mas é o espírito de meu Pai que fala em vós" (Jesus, o Cristo).

25 — Há *yoguis* que servem a Deus com ritualismos vazios e fumos sobre o altar; outros, porém, oferecem-lhe melhores dádivas, no fogo de Brahman.

26 — Outros praticam renúncia, abstendo-se do que agrada aos olhos e ouvidos; outros ainda oferecem, de coração ardente, as suas preces e seus hinos de louvor.

27 — Muitos há que, no fogo místico da mortificação dos sentidos, ateado pela luz da Verdade, abrem mão das alegrias da vida.

28 — Há também os que, por meio de votos, renunciam às riquezas e vivem em humildade, entre penitências, jejuns e macerações; outros que, pela silenciosa leitura de livros e profunda meditação, buscam conhecimento.

29 — Há também os que procuram adaptar às energias de dentro as energias de fora, robustecendo o pensamento pela inalação espiritual e pela amorosa exalação, evitando qualquer pensamento que não beneficie a alma[33].

30 — Todos esses *yoguis*, em virtude de seus sacrifícios peculiares, libertam-se de todas as impurezas, no fim dos seus exercícios e, imersos em alegria, atingem a eterna divindade.

31 — Os que não oferecem sacrifícios neste mundo, ó príncipe, nada têm de esperar, nem neste mundo nem no outro.

32 — Esses e outros sacrifícios vêm mencionados nos Vedas. Lembra-te de que todos eles provêm da atividade; se isso compreenderes, serás liberto pela luz da Verdade.

33 — O sacrifício exigido pela meditação é melhor que o sacrifício de bens materiais. O valor de todas as atividades culmina na experiência do Eu supremo.

---

33 Alusão ao exercício de pranayama ou respiração rítmica controlada (Kriya- yôga).

34 — Isso se consegue por meio de humildade, devotamento e serviço. Se amares a Verdade, virão em teu auxílio os que conhecem a Verdade, favorecendo a tua iniciação.

35 — Uma vez atingida a Verdade, ó príncipe, nunca mais sucumbirás à ignorância — e a Verdade te dirá que todos os mundos estão em ti[34].

36 — E tu estás em mim. E ainda que fosses mais pecador que todos os pecadores, o barco da sabedoria te levaria, seguro, através do oceano da ignorância.

37 — Assim como a chama reduz a cinzas a lenha, assim consome o fogo da sabedoria todas as ações e os efeitos da ação[35].

38 — Em verdade, nada há tão purificador como a sabedoria; quem pratica sinceramente *yôga* descobrirá em si mesmo essa verdade.

39 — A Verdade se lhe revela, e se apoderar-se da Verdade, entrará na mansão da suprema beatitude e repousará na paz da divindade[36].

40 — O homem ignorante e cético não encontra sossego, nem no mundo do aquém nem no mundo do além — nem atingirá repouso na eternidade.

41 — Mas quem se encontra a si mesmo é senhor de si; transcende pela sabedoria os efeitos das suas ações (karma); nada mais o prende, e as dúvidas se dissipam à luz do conhecimento da divindade.

---

[34] Quem está com Deus está com todas as criaturas de Deus — é esse o grandioso monismo cósmico que todos os verdadeiros místicos experimentam, mas que os dualistas ignoram. Disso dão eloqüente testemunho o Cristo e alguns dos seus mais autênticos discípulos, como Francisco de Assis, que em todas as criaturas de Deus via o Deus das criaturas.

[35] Nesse sentido devem entender-se as palavras de Jesus ao ladrão convertido: "Em verdade te digo que ainda hoje estarás comigo no paraíso".

[36] "Conhecereis a Verdade — e a Verdade vos libertará" (Jesus, o Cristo).

42 — Pelo que, ó príncipe, mata com o gládio da sabedoria essas dúvidas que nascem da insipiência e te angustiam o coração. Acorda e firma-te na experiência divina!

CAPÍTULO 5

A sabedoria do desapego

Neste capítulo Krishna continua a mostrar a Arjuna que a auto-realização consiste em "trabalhar intensamente e renunciar a cada momento aos frutos do seu trabalho". Não é pelo falso-agir (por amor ao ego) que o homem se liberta e redime, nem pelo não-agir — mas unicamente por meio do reto-agir, de uma intensa, dinâmica e jubilosa atividade, realizada por amor ao seu Eu divino.

Esse Atman, embora seja essencialmente Brahman, necessita contudo de evolução, porque o Atman no homem é um "Deus potencial", um Deus evolvível, realizável, e não plenamente realizado. Atman é o Deus imanente, e não simplesmente a Divindade transcendente, que não é suscetível de aperfeiçoamento. O homem deve despertar em si o seu Deus dormente. É essa a tarefa suprema do homem, aqui na terra e em todos os estágios da sua evolução extraterrestre.

Fala Arjuna:

1 — Enalteceste, Senhor, a abstenção dos atos e recomendaste, não obstante, a atividade. Dize-me agora, em definitivo, qual é o caminho melhor para atingir a meta mais alta.

Fala Krishna:

2 — Bom é agir e bom é abster-se da atividade; tanto isto quanto aquilo conduzem à meta suprema. Mas, para o principiante, melhor é agir corretamente.

3 — O verdadeiro renunciante é somente aquele que nada deseja e nada recusa, inatingido pelos opostos, tanto no seu agir quanto no seu desistir, não afetado nem por esperança nem por medo.

4 — Os ignorantes tecem teorias sobre o agir e o saber como se fossem duas coisas diferentes; mas os sábios estão convencidos de que quem faz isto não deixa de colher os frutos daquilo.

5 — O reino da quietude que os sábios conquistam pela meditação é também conquistado pelos que praticam ações; sábio é aquele que compreende que estas duas coisas — a intuição mística e a ação prática — são uma só em sua essência.

6 — Difícil tarefa é, herói, alcançar estado de renúncia sem ação e sem que o espírito da fé penetre o coração. O sábio que, pela força da verdade, renuncia a si mesmo, integra-se em Brahman.

7 — Este é puro de coração[37], forte no bem e senhor de todos os seus sentidos; a sua vida está a serviço da vida de todos, e ele realiza todas as ações sem ser escravizado por nenhuma delas.

8 — Porquanto, reconhece que não é ele que age quando vê, ouve e sente.

9 — Pois quando vê ou ouve, cheira ou come, dorme ou respira, quando abre ou fecha os olhos, quando dá ou recebe, ou exerce outro ato sensório qualquer — não são senão os seus sentidos que operam com esses objetos externos[38].

10 — Quem tudo faz sem apego ao resultado dos seus atos faz tudo no espírito de Deus e, como a flor de lótus, incontaminada pelo lago em que vive, permanece isento do mal.

---

[37] Os "puros de coração", dos quais Jesus fala no Sermão da Montanha, são os que se desapegaram totalmente do seu ego humano, e é por isso que "vêem a Deus".

[38] Cf. as palavras de Jesus: "As obras que faço não sou eu (meu ego humano) que as faço, mas é o Pai que em mim está (o meu Eu divino) que as faz. De mim mesmo nada posso fazer".

11 — Com todas as forças do espírito, da mente, do coração e do corpo[39] luta o *yogui* pela purificação de sua alma, sem nada buscar para si mesmo em tudo o que faz.

12 — Quem a tudo renuncia, jubiloso, alcança, já agora, a mais alta paz do espírito; mas quem espera vantagem das suas obras é escravizado por seus desejos.

13 — O sábio que, em corpo terrestre, se libertou do egoísmo habita, mesmo quando age, no céu da sua paz, na "cidade dos nove portais"; não tem desejos, nem induz outros a terem desejos.

14 — O Senhor do Universo não cria ação, nem o impulso de agir, nem o desejo dos frutos da atividade — tudo isso nasce da natureza finita do indivíduo.

15 — O Senhor do Universo não toma sobre si as culpas dos homens porque está acima de todas as ações, perfeito em si mesmo. Erram os homens por sua própria ignorância, porque a luz da Verdade está envolta nas trevas da ilusão.

16 — Mas quando as trevas cedem à luz, amanhece o dia, e assim como o Sol em pleno esplendor, revela-se o Ser Supremo.

17 — Quem se integra ao Ser Supremo e nele repousa está livre da incerteza e trilha caminho luminoso, do qual não há retorno, porque a luz da Verdade o libertou do mal[40].

18 — Quem vive na luz da Verdade vê Deus em todos os seres

---

[39] "O primeiro e maior de todos os mandamentos é este: amarás o Senhor, teu Deus, de todo o coração, com toda a tua alma, com toda a tua mente e com todas as tuas forças" (Jesus, o Cristo).

[40] Quem conhece o Evangelho do Cristo e os escritos dos seus grandes discípulos, sobretudo de João e de Paulo, não pode deixar de descobrir um paralelismo quase contínuo entre essas palavras de Krishna e as do Cristo e seus iniciados. "Conhecereis a verdade, e a verdade vos libertará." "A luz brilha nas trevas e as trevas não a prenderam." "Os homens amaram mais as trevas que a luz, porque as suas obras eram más."

— no *brâhmane* e no cão, no elefante e na vaca, e até no desprezado pária.

19 — Os que estão firmes na luz da Verdade venceram o mundo, já aqui na terra, pela fé na harmonia universal; porquanto Brahman transcende todas as condições da dualidade, habitando na suprema unidade — quem o conhece repousa em Brahman[41].

20 — Quem vive firmemente consolidado na consciência de Brahman não sucumbe à alegria, na prosperidade, nem à frustração, na adversidade — mas remonta à claridade sem nuvens e se integra na Divindade.

21 — Quem preserva a sua alma livre de todas as coisas que vêm de fora realiza o seu verdadeiro Eu, atinge a paz verdadeira, a beatitude do seu verdadeiro ser.

22 — As alegrias que brotam do mundo dos sentidos encerram germes de futuras tristezas que vêm e vão; por isso, ó príncipe, não é nelas que o sábio busca a sua felicidade.

23 — Feliz é aquele que, durante a vida terrestre, consegue libertar-se dos impulsos que geram paixão e ódio, estabelecendo-se firmemente no espírito da união com Deus.

24 — É ele, na verdade, um santo, que encontra o céu dentro de si mesmo; a sua vida é uma com Brahman e abre-lhe a porta do nirvana[42].

25 — É assim que os rishis[43], livres de incertezas e senhores de

---

[41] Vai, através do *Evangelho* e do *Bhagavad Gita*, um traço de grandioso *mo-nismo*. Eqüidistante do dualismo da teologia ocidental e do panteísmo de certas filosofias orientais. Todos os mundos estão em Deus, e Deus está neles; mas o mundo não é idêntico a Deus nem está separado de Deus.

[42] Nirvana quer dizer *quietação*, provinda da extinção de todos os desejos do ego. *Nirvana*, o oposto do *sansara* (agitação), é o repouso na Verdade eterna.

[43] Rishi — vidente; maharishi — grande vidente.

si mesmos, já aqui na terra, entram no nirvana da Divindade, vivendo a vida de todos os seres.

26 — Todos os que, libertos de ódio e paixões, fortes na humildade e iluminados pela fé, superaram o seu ego humano e realizaram em si o Eu divino, todos eles se aproximam da verdadeira paz em Deus.

27 — O *yogui*, que habita na luz, se abstém do contato com o mundo dos sentidos, cujo olho espiritual se abriu e cuja respiração espiritual sintonizou-se com a respiração corporal[44].

28 — Ele que, repleto da virtude de Deus, governa o coração e a mente e, sem egoísmo, anseia pela redenção — esse se libertou de si mesmo e vive na paz eterna, aqui e por toda a parte.

29 — Ele sabe que eu sou a Essência em todas as Existências; eu, o Imanifesto em todos os Manifestos; eu, a suprema e imutável Realidade em todos os mundos em incessante mutação; eu, refúgio e proteção de todas as criaturas. Quem isso sabe encontrou a paz.

---

[44] Alusão à prática do "olho simples" e da respiração material transformada em *prana* espiritual. Cf. as palavras de Cristo: "Se o teu olho for simples, todo o teu corpo estará cheio de luz...". Os exercícios acima insinuados devem ser feitos sob a direção de um guru (mestre) perito e consciencioso, porque, do contrário, podem redundar em espada de dois gumes...

CAPÍTULO 6

Exercícios de meditação

Este capítulo pormenoriza o modo da chamada meditação, que principia pela unipolarização mental, ou seja, concentração e, ultrapassando esta, esvazia o homem de todos os conteúdos do seu ego físico, mental e emocional, permitindo que seja invadido pelos poderes cósmicos ou divinos. O ego-esvaziamento é a condição indispensável para a cosmo-plenificação. Segundo leis eternas, onde há uma vacuidade acontece uma plenitude. Compete ao homem criar em si essa ego-vacuidade — e a cosmo-plenitude lhe acontecerá infalivelmente.

Para o principiante, o perigo desse ego-esvaziamento está em cair no transe ou na auto-hipnose, inutilizando assim todo o efeito espiritual. Por isso insistem os mestres espirituais na imperiosa necessidade de o homem ego-esvaziado se manter pleni-consciente no seu Eu espiritual. Quem consegue ser 100% consciente e 0% pensante abre as portas para a mais alta auto-realização.

Algumas recomendações de Krishna a Arjuna são condicionadas pela tradição do Oriente, que o auto-realizando ocidental deve saber adaptar convenientemente a seu próprio ambiente.

Fala Krishna:

1— Quem faz o que deve fazer, e não depende dos frutos da sua ação, esse é um sábio e um santo — mas não é sábio nem santo quem apenas acende a chama do sacrifício ritual e se recusa a trabalhar pela grande obra.

2 — Pelo que, ó príncipe, compreende o que quer dizer renúncia: é realizar no verdadeiro espírito o que deve ser realizado. Quem não realiza com supremo devotamento os seus atos, esse não renunciou.

3 — Renúncia é obra feita com total desinteresse; por ela atinge o devoto santidade, e santidade é paz, que só se alcança pela desistência de qualquer desejo pessoal.

4 — O sábio age sabiamente; nenhum desejo de lucro pessoal, nenhuma intenção de cuidar de si mesmo o move na sua sapiente atividade. Ele é inteiramente livre do querer do ego finito.

5 — Todo homem deve erguer-se pela força do seu próprio Eu divino e não decair jamais das alturas desse estado. O Eu divino é o melhor amigo do homem, mas o ego humano é seu pior inimigo.

6 — Quem domina o pequeno ego pelo grande Eu, esse é amigo de si mesmo; mas se o ego não odiar a sua própria egoidade, então se torna inimigo do Eu (da alma) do homem[45].

---

[45] Cf. as palavras do Cristo: "Quem quiser ganhar a sua vida (ego), perdê-la-á; mas quem perder a sua vida por minha causa (Eu), esse a ganhará". A filosofia oriental sintetizou essa sabedoria na fórmula: "O ego é o pior inimigo do Eu — mas o Eu é o melhor amigo do ego". Inimigo só pode ser quem é ignorante, como o ego; amigo é o que é sapiente, como o Eu. Em sânscrito, ego é *aham* (*adi-aham*, o *primeiro-ego*, contraído no *Gênesis* em *Adam*); o verdadeiro Eu divino no homem, a alma, é *Atman*; quando o pequeno *aham* se integra, totalmente no grande *Atman* (ou *Atma*), então surge a "grande alma", em sânscrito *mahaatman*, ou *mahatma*, nome que a intuição espiritual do povo hindu deu a um de seus maiores filhos, Gandhi. O mais glorioso *mahatma* que a humanidade conhece é aquele que foi plenamente "ungido" (*christós*, em grego), ou permeado pelo espírito divino, ou *Atman*, a ponto de poder dizer: "Eu e o Pai somos um".

Outro *mahatma* extraordinário foi Gautama Siddhartha, que seus discípulos chamavam o "Iluminado" (em sânscrito *Buddha*, que significa literalmente "aquele que acordou" enquanto os outros continuam a dormir).

O "primeiro Eu" divino, o Cristo Cósmico, é chamado no Bhagavad Gita (ver Cap. XI) o "*Adi-Atman*" (ou *Adhya-tman*). No Evangelho de São João é esse "primeiro Eu" chamado "o Logos (Verbo) que, no princípio, estava com Deus e pelo qual foram feitas todas as coisas". São Paulo, nas epístolas aos Colossenses e aos Filipenses, chama-o "primogênito de

7 — O espírito do homem que repousa plenamente em si mesmo e adquiriu perfeita serenidade é imune do contágio das coisas externas, indiferente a calor e frio, prazer e sofrimento, louvores e vitupérios.

8 — Esse é um *yogui*, um homem integral, com o coração cheio de sabedoria e beatitude; iluminado, alteia-se às regiões do espírito, senhor dos seus sentidos; dá o mesmo valor a todas as coisas: a uma pedra ou um torrão de barro — a um pedaço de ouro.

9 — O que o caracteriza é a sua atitude de serena benevolência para com todos os que dele se aproximam, amigos ou inimigos, conhecidos ou estranhos, bons ou maus, afetos ou desafetos — todos lhe merecem amor.

10 — Imerso em Deus, em longínqua solitude, permanece o *yogui* liberto da escravidão de sentimentos, pensamentos e desejos.

11 — Retira-se a um lugar puro, num assento simples e firme, nem alto nem baixo demais, coberto de capim kusha e uma pele de tigre ou veado, e um tecido de seda ou lã.

12 — E, ali sentado, ereto e imóvel, com os sentidos e a mente perfeitamente controlados e a alma unipolarizada[46], pratica o homem *yôga* a fim de conseguir a purificação da sua alma divina.

13 — Mantém o corpo, o pescoço e a cabeça eretos, com espontânea naturalidade, fazendo os olhos convergirem na base do nariz, pelo poder da visão interna.

---

todas as criaturas" que, quando encarnou em Jesus de Nazaré, "despojou-se da forma de Deus e se revestiu da forma de homem". É a transição do Cristo Cósmico para o Cristo Telúrico. "Antes que Abraão fosse feito, eu sou." "Pai, glorifica-me agora com aquela glória que eu tinha em ti, antes que o mundo existisse."

[46] Unipolarizado (unipolaridade), quer dizer "centralizado ou focalizado num único ponto". O homem profano e descontrolado é pluripolarizado, disperso, distraído, falto de unidade e, por isso mesmo, fraco, descontente, infeliz.

14 — Está firmemente estabelecido no espírito de brahmacharya[47], livre de qualquer solicitude, todo focalizado em mim e a mim devotado com todo o seu ser.

15 — Assim, em permanente contemplação do Ser Supremo, torna-se o *yogui* um poderoso soberano no seu próprio reino e entra na paz e no gozo supremo do nirvana.

16 — Quem come demais ou de menos, quem dorme demais ou de menos, esse, ó Arjuna, é absolutamente inapto para praticar *yôga*.

17 — Somente quem é disciplinado no comer, no dormir, no vigiar, no descansar e no divertir-se, esse auferirá do exercício de *yôga* a libertação de todos os males.

18 — Somente aquele que possui domínio sobre seu mundo interno de desejos pessoais e está focalizado em seu Eu supremo, esse é um liberto (yukta).

19 — Assim como a chama não bruxuléia quando num lugar abrigado do vento, de modo semelhante tende o coração quando isento dos vendavais dos sentidos e ardendo em amor divino, rumo às alturas do Eterno.

20 — Quando, graças à contínua meditação, o coração encontrou repouso naquele lugar onde reina a compreensão, onde o espírito sublime contempla a si mesmo e tudo encontra dentro de si mesmo;

21 — Quando a alma experimenta o gozo que transcende o alcance dos sentidos e do intelecto e só é conhecido pela alma na própria alma — essa consciência da verdade que o *yogui* nunca mais perderá;

---

[47] Brahmacharya (consagrado a Brahma) é disciplina ou abstenção sexual voluntária, que é por todos os mestres espirituais considerada vantajosa à vida espiritual, ao passo que o celibato compulsório, mesmo quando inicialmente voluntário, acabará por se revelar prejudicial. Jesus aconselhou a seus discípulos o celibato voluntário, "por amor ao reino dos céus", dependente da compreensão espiritual.

22 — E quando o homem alcança essa meta e tem a verdade em maior apreço do que todos os tesouros, e nela persevera inabalável, de maneira que sofrimento algum o torne infeliz;

23 — Então sabe ele que a perfeita *yôga* o torna imune mesmo à maior das dores, e que essa meta se alcança por meio de energia e perseverança.

24 — É necessário que ele arranque do coração todos os devaneios e todas as vacilações, toda a ganância, vaidade e mania de grandeza; que obstrua e vigie todas as portas por onde o mundo dos sentidos possa invadir-lhe a alma.

25 — Então se aproxima ele do santuário, passo a passo, e conhecerá as belezas da paz que habita no coração perfeitamente dominado, lá onde impera soberana a verdade e onde a alma goza da verdadeira liberdade.

26 — E ainda que a mente volúvel se rebele e tente fugir para longe, disciplina-a pela força do amor e a reconduz ao Ser Supremo.

27 — Penetra na alma inefável beatitude quando o coração, livre de ilusão, une-se a Deus e se despe de qualquer desejo.

28 — Quem assim se oferece em holocausto a Deus, e vive em permanente união com ele, experimenta em si a ilimitada beatitude de que o enche a divina presença.

29 — Integrado em Deus, vive ele vida divina e percebe o espírito de Deus em todas as criaturas, porque sabe que todas as coisas têm em Deus o seu íntimo ser.

30 — Quem me enxerga como o Uno e o Único em todas as coisas, e vê todas as coisas em mim, a Suprema Realidade, este vive firme em mim, e eu vivo firme nele, sejam quais forem as condições da sua vida externa.

31 — Eu sou a imanente Realidade em todos os seres; quem me cultua como o Uno e o Absoluto em tudo permanece em mim, independentemente das vicissitudes da sua vida aqui na Terra.

32 — Ó Arjuna! Aquele que, entre alegrias e sofrimentos, paira soberano na força do conhecimento de mim, o Uno e o Único, esse é o mais perfeito dos *yoguis*.

Fala Arjuna:

33 — Não encontro permanência, Senhor, nesse estado de devotamento. *Yôga*, como dizes, é equanimidade de espírito; mas inquieto e rebelde é meu coração.

34 — Inconstante e turbulenta é minha mente, ó Krishna! Difícil disciplina-la — mais fácil seria controlar os ventos...

Fala Krishna:

35 — Certamente, ó herói, difícil é refrear a mente, porque inquieto é o coração. Somente pela quietação dos desejos que o exercício se tornará hábito, e alcançarás domínio sobre ti mesmo.

36 — Não é fácil conseguir união com o Ser Supremo enquanto o espírito não disciplinar a carne. Mas quem aprendeu a arte do autodomínio atingirá a meta, contanto que possua força de vontade.

Fala Arjuna:

37 — Mas qual é o destino final do homem que, embora devoto e cheio de fé, não possui perfeita renúncia e é inconstante nos seus exercícios espirituais?

38 — Será que esse homem, ó Poderoso, perecerá como uma nuvem que a tempestade dissipa? Será que ele, aberrando da senda da sabedoria e da ação, acabará no puro nada?

39 — Quisera ouvir de ti, ó Krishna, a solução da minha dúvida, porque só tu me poderás dar resposta cabal.

Fala Krishna:

40 — Ó filho de Pritha! Esse homem não será aniquilado, nem neste mundo nem no outro. Quem ama a verdade não trilha o

caminho da ignorância; quem age com sinceridade não perecerá[48].

41 — Quem, na vida presente, não consegue a meta, mas vive corretamente, entrará na mansão de Indra, onde viverá anos incontáveis, até reencarnar na Terra.

42 — Voltará como filho de homens bons e puros, talvez como filho de um sábio *yogui*. Mas é difícil e raro conseguir tão alto nascimento aqui na Terra.

43 — E assim, reencarnando, prosseguirá no plano da consciência que atingiu em existência anterior; e reiniciará a jornada rumo à luz, no ponto em que a interrompeu[49].

44 — E com maior sucesso, porque a tendência às alturas que o animava novamente o animará, embora ele não tenha consciência desse obscuro anseio.

45 — Até que, puro de coração, após muitas reencarnações, através de uma evolução gradual, ele atinja a meta suprema, unindo-se a Brahman.

---

[48] Cf. as palavras do Cristo: "Quem pecar contra o filho do homem será perdoado..." "Pai, perdoa-lhes, porque não sabem o que fazem." Todo pecado cometido por ignorância e fraqueza é perdoável. Imperdoável é somente o "pecado contra o espírito universal (santo)", isto é, o pecado cometido com perfeito conhecimento e liberdade; esse pecador se torna "réu de pecado eterno", e cairá vítima da "morte eterna", isto é, do auto-aniquilamento, da dissolução da sua individualidade. Será possível, na presente humanidade, esse pecado contra o "espírito santo", se os próprios assassinos de Jesus não o cometeram?...

[49] Não serão estas palavras um paralelo das do Cristo, quando diz: "Há muitas moradas em casa de meu Pai"? Em qualquer hipótese, é insustentável a teologia medieval que assina à alma humana lugar definitivo, céu ou inferno eternos, logo pós a morte física. Os que admitem purgatório — período de purificação — pelo menos deixam aberta a porta para uma evolução ulterior, pós-morte, o que concorda tanto com a razão como com a revelação. Enquanto a consciência e a liberdade do homem persistirem, persiste a sua possibilidade de evolução; o livre-arbítrio não está nos ossos, na carne, no sangue, nos nervos, que pereceram com a morte física; consciência e liberdade são atributos da alma, que não sucumbe a nenhum acidente, doença ou à velhice.

46 — Um *yogui* desta natureza é superior ao asceta e ao erudito intelectual, superior também ao que realiza grandes prodígios.

47 — De todos os *yoguis* me é mais querido aquele que põe em mim toda a sua confiança e a mim se entrega com toda a sua alma. Esse encontrará em mim a paz do seu coração.

CAPÍTULO 7

Sabedoria da visão espiritual

No presente colóquio, sobe Krishna à suprema altura da Realidade metafísica, mostrando a Arjuna que todas as facticidades físicas do Cosmos são apenas efeitos concretos e imperfeitos da Infinita Realidade metafísica, perfeita e única; que todos os deuses são manifestações da Divindade imanifesta; que todas as imanências cognoscíveis são revelações parciais da Transcendência incognoscível.

Na terminologia da Filosofia Univérsica, diríamos: todo o Verso finito é apenas manifestação parcial do Uno infinito; que a Realidade total é o próprio Universo, a que alude Spinoza quando diz: "Deus é a alma do Universo (Uno), e o mundo (Verso) é o corpo de Deus".

Este capítulo tem grande afinidade com certas páginas do Tao Te Ching, *de Lao-Tsé, grande pensador metafísico da China.*

Fala Krishna:

1 — Sabe, portanto, ó príncipe, que se mantiveres a mente focalizada em mim, com firmeza e constância; se praticares yôga e sempre te refugiares em mim, terás perfeita compreensão de mim e chegarás a mim.

2 — Então te infundirei a minha sabedoria; conhecerás também as leis do mundo dos fenômenos externos, e nada mais te faltará conhecer.

3 — Entretanto, no meio de milhares de homens mal se encontra um que, seriamente, vá em demanda da verdade. E mesmo entre os que buscam a verdade e a atingem, raras vezes se encontra um que, de fato, saiba que eu sou a Realidade[50].

4 — Terra, água, fogo, ar e éter, vida, intelecto e espírito — tudo isso são revelações do meu ser.

5 — Tudo isso são aspectos finitos da minha infinita Realidade; mas nada disso é minha Essência Cósmica, que é a Consciência Vital pela qual todo esse Universo visível é sustentado.

6 — Tudo aquilo são córregos no mundo das existências — eu, porém, sou a Essência de tudo quanto existe; eu sou o princípio dos mundos e sou o seu fim[51].

7 — Nada existe mais alto que eu, ó príncipe, nem há outro senhor ou criador.

8 — Os mundos todos estão enfiados em mim, assim como as pérolas unidas por um fio. Eu sou o sabor da água que bebes; eu sou o fulgor da Lua e do Sol; eu sou o AUM dos cânticos sacros dos Vedas; eu sou a harmonia dos espaços; eu sou a força procriadora dos homens.

9 — Eu sou a fragrância da terra; eu sou o brilho do fogo; eu sou a vida de todos os vivos.

10 — A santidade de todos os santos; eu sou a semente da imortalidade, a sabedoria dos sábios e a inteligência dos inteligentes.

---

[50] Esse princípio básico do verdadeiro monismo universal, latente em todas as grandes religiões e filosofias, sobretudo no Evangelho do Cristo, é compreendido por pouquíssimos que se dizem discípulos dos grandes mestres espirituais da humanidade: a *imanência* da essência divina em todas as existências do Universo. Tanto o dualismo ocidental como o panteísmo oriental ignoram essa grande verdade que Krishna enuncia.

[51] "Eu sou o princípio e o fim, o Alfa e o Ômega" (Apocalipse). Alfa e Ômega são a primeira e a última letra do alfabeto grego. "Eu sou o Amém" — esse "Amém" é idêntico ao *Aum*, o sacro trigrama do Oriente.

11 — Eu sou a magnificência naquilo que é magnífico; a força dos fortes, livre de apego; eu sou o amor dos amantes, o amor puro que não é proibido por lei alguma, ó príncipe.

12 — O que a Natureza distribui em formas fugazes — consciência, força e matéria[52] — recebe-o de mim; eu estou nessas formas, mas eu não sou por elas imitado.

13 — Iludido pelos três atributos da Natureza, que se revelam em todas as coisas, o mundo não me conhece, o Imutável, que estou acima de todas elas.

14 — Difícil, ó príncipe, é romper o mágico véu que Maya[53] teceu em torno de todas as coisas e que encobre a minha face; mas quem me enxerga em tudo e sem reserva se entrega a mim, esse supera as limitações de Maya.

15 — Os malfeitores, os tolos, não se voltam a mim, nem aqueles que alimentam desejos vis, nem aqueles que, no vasto cenário da Natureza, só enxergam o drama, mas ignoram o seu autor.

16 — Quatro são as classes de homens que me buscam seriamente, ó Arjuna: os sofredores, os amantes, os bondosos e os iluminados pela sabedoria.

17 — De todos esses, o que me é mais querido é o sábio, aquele que se entrega totalmente a mim, o Uno; esse me ama acima de tudo, e por isso eu o amo acima de tudo.

---

[52] Em sânscrito "as três *gunas*", que são: *sattva* (verdade, ou espírito), *rajas* (intelecto) e *tamas* (sentidos, ou matéria), também conhecidas por luz, fogo e trevas, e são explicadas no capítulo 14.

[53] *Maya* é a Natureza visível, que é *maha-ya* (grande afirmação, uma grande revelação de Brahman), mas que para os profanos se converte em "ilusão". Se Maya é ilusão ou revelação, isso não depende de Maya, mas sim do homem que a contempla, com ignorância ou com sapiência. Nesse sentido, diz a filosofia oriental que a Natureza é como a teia da aranha, que tanto *revela* como *vela* (encobre) a aranha — assim como Maya revela Brahman, mas ao mesmo tempo o vela; a Natureza manifesta e oculta Deus.

18 — Todos os quatro são bons, e todos vêm a mim; mas o sábio que totalmente se entrega a mim é como o meu próprio Ser, repousando com toda a alma em mim como em seu termo final.

19 — Após muitos renascimentos, seja aqui ou em esferas superiores, ingressa ele em meu Ser; mas raras vezes se encontra entre os homens um tão grande em espírito e alma que possa dizer em verdade: Vasudeva[54] é o Ser onipresente, ele é o Todo.

20 — Mas quem abandona a luz da Verdade e, seduzido pelo prazer, serve a outros deuses, ingressa na natureza daquilo que ama, porque semelhante sempre se une a semelhante.

21 — Sejam quais forem os deuses a que seu coração sirva, sempre sou eu o escopo da fé que o anima.

22 — Em virtude dessa fé adere ele ao objeto que demanda e se identifica com a natureza dele — mas a verdadeira natureza de cada ser sou eu, a imanente Realidade de todas as coisas[55].

23 — Limitada é a visão dos que demandam coisas finitas, e finita é a sua recompensa; quem cultua deuses vai ter com eles — mas quem cultua a mim em verdade, este vem a mim.

24 — Pensam os insensatos que o mundo manifesto e visível seja a essência das coisas; é porque ignoram o Imanifesto e Invisível, que não é limitado por nenhuma das suas manifestações.

25 — Velado pelo esplendor das minhas próprias manifestações, eu, o Espírito, não sou revelado a todos; e os iludidos desconhecem a mim, o Eterno e Invisível[56].

---

[54] Outro nome para Krishna, que na sua Essência divina é o Todo, o Onipresente e Imanente em todos os seres individuais.

[55-56] Nestes tópicos reafirma o *Bhagavad Gita* a verdade fundamental de toda a filosofia e religião: que a Realidade Infinita e Transcendente é finitamente imanente em todos os seus efeitos ou criaturas do Universo. Para encontrar essa suprema Realidade (Deus) não é necessário que o homem saia do mundo dos fenômenos transitórios, como pensam os dualistas, mas que penetre mais profundamente no último reduto desse

26 — Eu, ó Arjuna, conheço tudo o que foi, é e será — mas nenhuma consciência objetiva me conhece.

27 — Ó forte herói! Os grandes inimigos do conhecimento da verdade são o apego e a aversão; são os contrastes dos opostos, que levam o homem ao caminho da ilusão.

28 — Mas quem evita o mal e pratica o bem, aquele cuja mente se libertou totalmente da ilusão da dualidade e me cultua com firmeza de fé, este é meu.

29 — E aquele que a mim se refugia liberta-se do karma dos nascimentos, da velhice e da morte, e me reconhece por Brahman, o Espírito Supremo.

30 — Esse sabe que eu sou a Alma de todas as almas, a Essência em todas as existências, a Realidade neste mundo de aparências, a suprema Divindade de todos os deuses. Quem me reconhece como tal me ama e, ao perder o corpo material, vive na consciência do seu Supremo Espírito.

---

mundo e descubra o Invisível nos visíveis, o Eterno nos temporários, a realidade no meio das aparências, o Criador em todas as criaturas. É esta a gloriosa conquista dos místicos e videntes, como Francisco de Assis e outros: viam a Deus em todas as suas obras.

CAPÍTULO 8

Integração na suprema divindade

Este diálogo de Krishna com Arjuna não é objeto de análise intelectual, é pura intuição espiritual; move-se para além de tempo e espaço, na zero-duração do Eterno e na zero-dimensão do Infinito. O que se pode pensar e dizer não é a Verdade Integral, que é impensável e indizível. A Verdade Integral, que é a Consciência da Realidade, do Uno, só nos é revelada quando eclipsamos em nós todas as ilusões de tempo e espaço, e todos os seus derivados e acessórios relacionados com os sentidos e o intelecto.

A nossa moderna astronomia admite que o Universo é um revezamento de implosão e explosão, um processo de contração atômica e expansão cósmica. Esse processo é chamado pela filosofia oriental inalação e exalação de Brahman, e cada ciclo inalativo-exalativo é chamado Yuga *ou* Mahayuga, *correspondendo ao termo grego* aion *(eon) ou à palavra latina* aeternitas *(eternidade).* Yuga, aion, aeternitas *não representam duração sem fim, mas uma duração de inconcebível extensão e cujo fim ninguém pode prever. A falsa identificação de "eternidade" com duração sem fim se baseia no equívoco de que o Eterno seja a soma total dos tempos, e que o Infinito seja a soma total dos espaços — quando, na realidade, Eterno é a negação de qualquer parcela de tempo, e Infinito é a negação de toda e qualquer parcela de finito.*

Enquanto o homem peregrina no sansara *de tempo e espaço, escravo dos sentidos e da mente, ignora ele o Nirvana do Eterno e do Infinito, visão do espírito.*

Todas as sucessividades (Verso) são ilusões — somente a simultaneidade (Uno) é que é a Verdade.

Fala Arjuna:

1 — Que é Brahman? Que é o Eu Supremo? Que é a Alma de todas as almas? Que é a Essência de todas as existências? Que é a Realidade neste mundo de aparências?

2 — E como é que tu és a Suprema Divindade em todos os deuses? E como é que, após a morte corporal, vive a consciência em teu Espírito?

Fala Krishna:

3 — Eu sou Brahman, o Único, o Imperecível. Esse Brahman, o Supremo Eu, é a alma de todas as almas. O que nasce de mim e é a causa de toda a evolução chama-se karma[57], a atividade cósmica.

4 — Quando eu me revelo nos diversos seres, sou chamado o Universo dos fenômenos visíveis; sou então o Brahman imanente em tudo, o Espírito que habita em todas as coisas. Eu sou a força criadora em todas as criaturas.

5 — E aquele que deixa a vida mortal e mantém o pensamento fixo em mim, somente este, liberto dos vínculos da carne, entra no estado da minha suprema Realidade.

6 — Aquele, ó filho de Kunti, que ao separar-se do corpo material mantiver a consciência focalizada no mundo carnal ou espiritual, atingirá aquele estado com o qual estiver identificado; porque cada um se assemelha ao que ama.

7 — Traze-me, pois, sem cessar em teu coração e age com

---

[57] Karma — literalmente "ação" — significa a lei de "causa e efeito" ou da causalidade, lei que rege todos os mundos finitos e da qual o homem se liberta tão-somente pela força do espírito, ultrapassando a tirania do *sansara* (agitação) e entrando na gloriosa liberdade do *Nirvana* (quietação). *Nirvana* é o eterno viver, sem nascer nem morrer. Mas a vida só consegue superar nascimentos e mortes se atingir o zênite da sua força e plenitude. É essa a meta, o destino final, do homem e de todos os seres conscientes e livres.

valor, na certeza de que também tu me alcançarás, se de mente e alma permaneceres firmado em mim.

8 — Pois todo aquele que se consagrar integralmente a mim, e não servir a outros deuses, entrará no meu Ser Divino, integrado no meu Espírito.

9 — Em mim, o Onisciente, o Eterno, que governa todos os estados de consciência, que tudo preserva, embora mais imponderável que os imponderáveis; eu, o autolúcido como o Sol, transcendente a todas as limitações da dualidade.

10 — Esse homem alcançou a vida verdadeira, imortal na própria morte; porquanto o seu espírito derrotou a morte; esse homem ingressa em mim, em minha paz.

11 — É ali que se consuma a grande obra, no meu céu, repouso dos sábios. Atingir esse estado é perfeição, é a meta de todo o conhecer e o destino de todo o amor.

12 — É esta a senda suprema trilhada por todo homem que fecha os olhos ao mundo objetivo, que domina o seu coração e, pela força vital do Prana, aspirado e focalizado entre as sobrancelhas, silenciosamente proferir o eterno AUM na consciência de Brahman[58].

13 — Ao deixar o corpo mortal, com a consciência firmada em mim, esse homem tem a certeza de ingressar em mim.

14 — Fácil é atingir suprema perfeição quando o homem anda

---

[58] Muitas vezes se refere a filosofia oriental a essas práticas esotéricas e, sobretudo, à prolação do sacro trigrama AUM ou outro mantra. *Mantras* são palavras criadoras que realizam o que significam, quando proferidas por pessoa idônea e devidamente receptiva para essa vibração ou verbo sacramental. Esses mantras são símbolos materiais onerados de um simbolizado espiritual, provindo do seu autor; e esse simbolizado ou conteúdo espiritual atua poderosamente sobre quem profere o mantra com a devida receptividade interna, causando nele o que lhe foi causa. Mas... para essa iniciação requer-se um verdadeiro *guru*.

na minha presença, constantemente consciente de mim, em todos os caminhos da sua vida e alheio a outros deuses[59].

15 — Essas grandes almas, conscientes da sua união comigo, não tornarão a nascer para esta vida perecível de sofrimentos, mas vêm a mim, a eterna Beatitude.

16 — Esses mundos todos, ó Arjuna, mesmo o mais alto plano de existência nos domínios da criação cósmica, estão sujeitos à lei do retorno a este plano doloroso — mas quem ingressou em mim está livre desse retorno.

17 — Quem conhece o dia de Brahman de mil yugas[60], e a noite de Brahman, de duração idêntica, conhece dias e noites como Brahman os conhece.

18 — Em cada alvorada do dia brahmânico procedem do Imanifesto os mundos manifestos, e em cada ocaso os mundos manifestos voltam ao seio do Imanifesto.

19 — Tudo o que é lucigênito perece, ao declinar do sol de Brahman, e novamente nasce, pela força da Natureza, ao despontar do Sol.

20 — Para além desse Universo visível e relativo em incessante mutação está o Universo absoluto e invisível, vida imperecível, quando céus e terra perecerem.

21 — É essa a vida do Imanifesto, o Ilimitado, o Perfeito, o Todo, o Eterno — quem atingir esse estado não voltará ao mundo objetivo[61].

---

[59] Deuses — isto é, forças invisíveis, sobretudo a força mental, que tem caráter centrífugo, separatista, anticósmico, e só se integra no grande Todo sob o impacto centrípeto do espírito.

[60] Um *maha-yuga* (grande ciclo) são 4.320.000 anos nossos; um dia brahmânico são 1.000 *maha-yugas*, ou seja 4.320.000.000 de anos. Mas o sentido simbólico é o de uma duração inconcebível, como o termo *aion* ou *eternidade*, mencionada na Bíblia.

[61] O Imanifesto é o estado de pura Potencialidade ou Essência — o

22 — E isso, ó príncipe, sou eu, o verdadeiro Ser, o Espírito Supremo, em que radica a essência e a vida de toda criatura — e esse estado é atingido por todo homem que sem reserva se entregar a mim.

23 — É essa a mais alta sabedoria, que é melhor do que a leitura de livros sacros, melhor também do que sacrifícios e mortificações — quem atinge essa sabedoria entra na paz eterna.

24 — O fogo, a luz, o dia, a quinzena luminosa da lua crescente, os seis meses da passagem do Sol pelo norte — se o *yogui* partir daqui durante esse período vai ter com Brahman.

25 — A fumaça, o tempo noturno, a quinzena tenebrosa da lua minguante, os seis meses da passagem do sol pelo sul — se o *yogui*, durante esse período, receber a luz da Lua, tornará para a Terra[62].

26 — São estes os dois caminhos invariáveis do mundo: um é a senda da iluminação e da sabedoria — o outro, a vereda das trevas e da ignorância. Por um recebe o homem autolibertação — por outro, autolimitação.

27 — Ó filho de Pritha! Conhecedor desses dois caminhos, o *yogui* não se ilude jamais. Pelo que, ó Arjuna, sê tu um *yogui* para sempre!

---

não é isto nem aquilo, disjuntamente — mas é isto e aquilo, conjuntamente. A Divindade (Realidade) é Ser e Existir, Potência e Ato, Causa e Efeito, Passivo e Ativo, Imanifesto e Manifesto, porque é o Todo, o Universo.

[62] Para compreender devidamente essa linguagem simbólica, necessita o iniciando de um verdadeiro Iniciado.

CAPÍTULO 9

Santificação interna pelo mistério sublime

Este monólogo de Krishna reflete a vida e vivência de um homem que já ultrapassou a extrema fronteira das velhas ilusões do seu ego físico-mental-emocional. Do supremo Everest do seu Eu divino contempla ele todos os Himalaias dos seus egos humanos; compreende-os todos e ama-os, de acordo com a sabedoria de Krishna: "O Eu é o melhor amigo do ego, embora o ego seja o pior inimigo do Eu... O ego é um péssimo senhor, mas é um ótimo servidor".

Enquanto o ego humano oferece ao Eu divino "todos os Reinos do mundo e sua glória", em troca da apostasia de si mesmo ("prosta-te em terra e adora-me"), não há sossego e paz no homem; mas quando o ego obedece à ordem do Eu ("vade retro!, *vai à minha retaguarda") — então amanhece a grande paz na vida do homem: "Só a Deus adorarás e só a Ele servirás".*

Fala Krishna:

1 — A ti, cuja alma se libertou das contraditórias cavilações da mente, revelo-te a suprema sabedoria, o secreto poder do autoconhecimento, que te fará viver em perfeita liberdade no meio dos variáveis fenômenos deste mundo material.

2 — Profunda é a doutrina, excelsa a sapiência, a cuja luz todo ser humano é purificado dos seus pecados; mas é facilmente compreensível para os que a acolhem em seu coração, como fazem os grandes sábios e os divinos lucíferos, os que a praticam e jamais lhe esgotam o conteúdo.

3 — Mas a quem falta a fé e a verdade desta doutrina, esse volta ao mundo da morte e ao confuso ciclo da Natureza.

4 — Por mim se expandiu o panorama do cosmos, mas nem para todos sou manifesto. Por meu poder se plasmaram as coisas, e estão em mim, eu, que eternamente fui e sou.

5 — Mas elas não residem no meu Supremo Ser[63] — interroga o teu íntimo Eu para saberes o que significa esse mistério! O meu espírito cria tudo o que quer — e, no entanto, eu sou sempre livre de tudo.

6 — Assim como os ventos se movem livremente no espaço, e o espaço é eternamente imóvel, assim se movem os mundos rumo à luz — mas eu não sou esses mundos que se movem.

7 — Toda vez que o ciclo de uma era cósmica termina, retorna a Natureza à sua origem; e quando o meu poder emite o verbo criador, reinicia-se o curso dos fenômenos do mundo.

8 — Pela força interna do meu Ser sempre de novo me revelo ao mundo objetivo; por meu querer se desdobra a Natureza e novas formas entram em existência.

9 — Por nenhuma das minhas obras estou limitado; desejo algum ou fato algum me prendem. Sem cessar produz o meu espírito os mundos, mas eu repouso eternamente em mim mesmo.

10 — O meu espírito é a lei, que todas as coisas faz existir e

---

[63] O mundo causado é a existência, mas não a essência causante de Brahman. Como existência, é Deus imanente em todas as criaturas; como essência, é ele transcendente a todas — é este o grandioso monismo universal da Divindade, eqüidistante do dualismo das teologias ocidentais como do panteísmo de certas filosofias orientais.

não-existir; é o meu espírito que tudo produz na Natureza, e é essa a razão por que o mundo evolve.

11 — Envolto na matéria, como num véu, é meu íntimo Ser dificilmente cognoscível; os insensatos percebem as aparências objetivas e ignoram a presença do meu espírito, que é o imanente quê em todas as coisas.

12 — Vãos em seus desejos e vãos em seus atos, agem esses tolos como animais, demônios e espíritos maléficos.

13 — Mas as almas iluminadas e divinas caminham, confiantes, pela senda da luz e sem reserva se consagram a mim; não anseiam por outros deuses, partícipes que são da minha Divindade.

14 — São eles que me glorificam e adoram, firmemente orientados por meu espírito, profundamente imersos em mim.

15 — Muitos dos que me reconhecem como o Uno, o Indivisível, imanente em todas as coisas e transcendente a todas, oferecem-me o sacrifício do conhecimento.

16 — Eu mesmo sou esse sacrifício e a prece, a oferenda e a bênção da mesma; eu sou a oblação e o perfume e o fogo sobre o altar.

17 — Eu sou o pai e a mãe de todos; eu sou o que gera e o que sustenta, a meta da sabedoria e a purificação; eu sou o sacro AUM, o Rig, o Sama e o Yajur-Veda.

18 — Eu sou o caminho, a meta e o preservador, eu sou o juiz e a testemunha, a casa, a vivenda, o refúgio, o amigo; eu sou o princípio e o fim; eu sou a semente sempre fecunda.

19 — Eu sou o que irradia luz e calor do Sol, que dou e nego a chuva. Eu sou a vida imortal, e eu sou também a morte. Eu, ó Arjuna, sou o Sat e o Asat[64].

[64] Sat e Asat — o existir e o não-existir, o positivo e o negativo, o sim e o não. Deus é a grande *Tese* (posição) — anterior às *antíteses* (contra-

20 — Os que vivem segundo os ritos dos três Vedas e beberam o vinho sacro de Soma[65] e foram livres de pecado, esses são por mim conduzidos ao céu de Indra, onde gozam o alimento dos deuses no reino deles.

21 — E, depois de gozarem as delícias desse céu pelo tempo que mereceram por seus atos bons, voltam a este mundo da morte. E, obedecendo fielmente aos preceitos védicos, serão recompensados conforme os seus desejos, empolgados pelo ciclo de nascimentos e mortes[66].

22 — Mas os iluminados que só a mim cultuam e não desejam outras coisas, repousando só em mim, o Único, esses alcançam o seu ser em mim.

23 — Quem, de boa fé e com sinceridade, cultua outros deuses, por não me conhecer, o Eterno, esse me cultua, e o perfume do seu sacrifício sobe ao meu trono, e eu o aceito.

24 — Pois quem recebe as oblações e os sacrifícios todos sou eu somente; mas os que não me conhecem na minha Realidade essencial, esses voltam ao mundo do nascer e do morrer.

---

posições) e à *síntese* (composição). Dentro da Natureza causada, bipolarizada, aparece Deus como o positivo, a luz, o bem — e como o negativo, como a treva, o mal, como Satã, o antideus; mas, fora da Natureza causada, é Deus o impolar, o neutro, o Universal, para além do bem e do mal, para além do positivo e negativo, para além da luz e da treva. Mas nós, que enxergamos tudo no plano horizontal da *ética*, e não na linha vertical da *metafísica*, temos de conceber Deus como positivo, como luz, bom, a fim de contrabalançar o negativo, a treva, o mal, que já prevalecem em nós e necessitam ser equilibrados pelos seus contrários. O que, na Divindade, parece ser *impolar* é, de fato *onipolar*, a grande *Tese*, o Alfa e o Ômega.

[65] O vinho *soma* é o símbolo das ciências secretas, bebido por aqueles que desejam possuir forças mágicas.

[66] Esses, como se vê, não entram ainda no nirvana da libertação total, porque ainda têm desejos pessoais. Cf. as apalavras de Cristo ao jovem rico: "Quem guardar os mandamentos entrará na vida eterna, mas quem renunciar a tudo que tem e me seguir terá um tesouro nos céus". "Vida eterna" e "tesouro nos céus" não significam o mesmo!

25 — Os que cultuam os deuses vão ter com eles; os que cultuam os pitris[67] vão ter com eles; os que cultuam os bhutas[68] vão para o plano astral dos seres sensoriais; quem me cultua vem ter comigo.

26 — Quando alguém, com fé e amor, oferece-me algo, por menor que seja — uma folha, uma flor, uma fruta, um gole d'água —, eu o aceitarei com prazer das suas mãos[69].

27 — O que quer que fizeres ou deres, ó príncipe — sejam presentes, jogos ou orações —, oferece-me todas as tuas oferendas com um coração cheio de devotamento.

28 — Destarte, te libertarás da cadeia dos resultados que te prende a este plano inferior, onde se sucedem o próspero e o adverso. Pelo *yôga* do desapego, entrarás em mim.

29 — Eu sou o mesmo para todos; não amo nem desamo ninguém[70]; os que em verdade me adoram estão em mim e eu estou neles.

30 — Mesmo que alguém fosse pecador, se com indiviso devotamento me adorar, deve ser considerado bom, porque anseia pela Verdade.

31 — Esse não tardará a achar o caminho certo, descobrirá a imanente divindade de sua alma e entrará no gozo da paz eterna; pois quem se refugiar ao meu coração não perecerá eternamente.

---

[67] Pitris — almas avançadas de gerações anteriores.

[68] Bhutas — demônios ou entidades do mundo astral ou elemental.

[69] Cf. as palavras do Cristo: "Quem der a alguém um copo d'água fria, por ser meu discípulo, em verdade lhe digo que não ficará sem a sua recompensa!". "O que fizerdes ao menor de meus irmãos, a mim é que o fazeis." Aos olhos de Deus, o que vale não é o objeto, mas sim a atitude do sujeito, porque as quantidades objetivas são simples ilusão, ao passo que a qualidade subjetiva é realidade. Cf. as duas moedinhas da pobre viúva!

[70] De fato, Deus não "ama nem desama" assim como nós amamos ou desamamos; nele não há nenhum desses dois pólos contrários; o seu "amar" não é o contrário do "desamar", como no plano humano das antíteses; Deus é a grande *Tese*, para além do bem e do mal, do amor e do ódio.

32 — E ainda que fosse de origem humilde, e mesmo filho do pecado, seja homem ou mulher, servo ou proprietário — quem aderir a mim anda em veredas excelsas.

33 — Quanto mais, se for brâhmane consagrado a Brahman, ou um rishi[71] com nobreza d'alma. E tu, uma vez que vieste a este mundo falaz, adere firmemente a mim.

34 — Focaliza a tua mente em mim! Centraliza em mim a tua vontade! Reconhece-me como a meta final de toda a tua atividade, como a suprema beatitude da tua vida! E assim, integrando em mim o teu íntimo Eu, encontrarás paz em meu Ser.

[71]Rishi — vidente, sábio, profeta.

CAPÍTULO 10

Das manifestações de Brahman no universo

Neste capítulo Krishna mostra que todos os deuses (ou criaturas) são individuações parciais da Divindade Universal. E, como a teia revela ou descobre a aranha, e também a vela ou encobre, assim são as três gunas ou atributos da natureza, ao mesmo tempo, um descobrimento e um encobrimento de Brahman, a Suprema Divindade. Todo o Finito revela o Infinito, e também o vela ou encobre, porque nenhum Finito, nem a soma total dos Finitos, coincide com o Infinito. Todo o Finito, em demanda do Infinito, está sempre a uma distância infinita.

Toda essa enumeração que Krishna faz a Arjuna, mostrando que Brahman é a culminância de todos os seres criados, é aceitável como alegoria simbólica, ainda que não como realidade metafísica. Na realidade, Brahman, ou melhor, a Divindade, não é o elo supremo duma longa cadeia de criaturas, mas está essencialmente além de todas elas, uma vez que, segundo Einstein, "do mundo dos fatos não conduz nenhum caminho para o mundo dos valores (Realidade), porque estes vêm de outra região". Entretanto, o nosso conhecimento relativo tem de servir-se desse pobre processo ascensional. Nenhum cognoscente Finito pode adequadamente conhecer o Infinito, uma vez que "o conhecido está no cognoscente segundo a capacidade do cognoscente", e esse cognoscente é necessariamente finito, limitado.

Por isso, nenhum homem tem da Divindade uma noção exata, se não apenas analógica e imperfeita.

Fala Krishna:

1 — Escuta ainda, ó nobre herói, o ensinamento que te ofereço, porque nele te comprazes — e eu desejo conduzir-te pelo caminho certo, no qual está o teu refúgio e tua beatitude.

2 — Os deuses desconhecem a minha origem, nem os sábios conhecem a fonte do meu Ser. Da minha onipotência brotou a multidão dos deuses; do meu seio nasceram os sábios.

3 — Quem me compreende, o potente Senhor do Universo, que não tem nascimento nem princípio, esse anda puro no meio dos mortais, liberto da ilusão e iluminado pela luz do espírito.

4 — Intelecto, conhecimento, inerrância, paciência, verdade, prazer, disciplina, sofrimento, repouso, temor, coragem, nascimento e morte, existir e não-existir.

5 — Inocência, renúncia, satisfação, modéstia, bondade, glória — o que quer que seja próprio da criatura e lhe dá conteúdo —, tudo isso vem de mim.

6 — Os sete sábios, os quatro patriarcas, e também os quatorze manus que tinham o meu espírito e foram progenitores da humanidade — todos eles nasceram do meu espírito e do meu poder.

7 — Quem traz em si a grandeza do meu espírito e possui a minha força criadora — esse é um comigo, em inseparável comunhão — disso não duvides jamais!

8 — Eu sou a origem de tudo e do meu espírito cósmico derivam todas as coisas — o sábio que conhece o meu poder cultua-me com amorosa compreensão.

9 — Ele vive na minha vida, e eu vivo na vida dele; glorifica-me, e eu o glorifico — e assim vive ele, isento de ilusão e repleto de luz de alta sapiência.

10 — Quem me consagra amor, sem reserva e em verdade e reverência me cultua, a esse me comprazo em comunicar-lhe a força da minha sabedoria, e minha graça o conduz a mim.

11 — Habitando em seu coração, sou eu mesmo a luz da Verdade, cuja força dissipa as trevas nascidas da noite da ignorância.

Fala Arjuna:

12 — Sim, tu, Parabrahman[72], és a suprema Realidade e absoluta Pureza, o ilimitado Espírito Cósmico.

13 — Isso afirmam todos os videntes, como também Narada, Vyasa, Asita e Devala[73] — todos ensinam o que tu mesmo ensinas: que tu és a Suprema Divindade, sem nascimento, e que permeias todas as coisas.

14 — E, no entanto, não valem os deuses e espíritos superiores compreender o mistério da tua manifestação cósmica, pela qual te revelas.

15 — Só tu mesmo te compreendes, ó Deus dos deuses, Criador de todas as coisas, origem do ser e fonte de toda a vida, tu, Senhor do Universo.

16 — Só tu mesmo conheces a tua grandeza, com que amorosamente enches o cosmos, que todas as criaturas exaltam e sem a qual nada é perfeito.

17 — Mas como posso eu reconhecer o teu próprio Ser que, em formas sem conta, manifesta-se no vasto cenário do céu e da terra; quem és tu mesmo, assim como és em ti?

18 — Em vão me concentro em meditação. Oh! Ensina-me, com clareza e precisão, a tua grandeza e a perfeição do teu Ser; porquanto, jamais me saciarei da tua sabedoria[74].

---

[72] Parabrahman — o Brahman supremo, transcendente, infinito.

[73] Nomes de entidades e espíritos superiores.

[74] O que se segue não é a definição da Divindade, que Arjuna pediu, mas uma descrição dos efeitos visíveis da Causa invisível.

Fala Krishna:

19 — Pois bem! Eu te descreverei os meus principais atributos — os principais somente, porque sem limites é a minha plenitude; ser algum me pode conhecer totalmente.

20 — Eu sou a Essência Espiritual que habita nas profundezas da alma e no íntimo de cada criatura — o princípio, o meio e o fim de todas as coisas; a sua origem, a sua existência, o seu termo final.

21 — Eu sou Vishnu[75] entre as forças criadoras; entre os seres do mundo sideral, eu sou o Sol; nos espaços atmosféricos sou a tempestade; entre as luminárias do céu noturno sou a Lua.

22 — Eu sou o sama[76] do livro dos Vedas. No céu das divindades sou o Deus supremo; entre os sentidos sou a mente pensante; entre as forças mentais sou a razão consciente.

23 — Entre os destruidores sou o transformador; entre os grandes sou o gigante; entre os espíritos sou o Espírito supremo; entre os elementos purificadores sou o fogo; entre os montes sou o Meru[77].

24 — Entre os sacerdotes sou sempre o Sumo Sacerdote; entre as forças cósmicas em luta eu sou o general em chefe; entre as águas sou o oceano, que bebe todas as torrentes.

25 — Entre os sábios sou a sabedoria; entre as palavras sacras sou o AUM[78], entre as montanhas sou o Himalaia. Eu sou o enlevo nas preces dos devotos.

26 — No meio das árvores sou a árvore da vida; no meio dos

---

[75] Vishnu — a segunda manifestação (pessoa) da Trindade brahmânica; corresponde ao Logos ou Verbo do quarto Evangelho, "pelo qual foram feitas todas as coisas e sem o qual nada foi feito". Vishnu é a força criadora de Brahman, Deus em seu aspecto dinâmico.

[76] Sama — O mais belo dos cânticos védicos.

[77] Meru — o píncaro desse monte é símbolo da visão espiritual e da experiência cósmica.

[78] AUM (ou OM) — o mais sagrado dos mantras orientais.

iluminados sou a luz; sou a harmonia nos coros sinfônicos; entre os santos sou a santidade.

27 — Eu sou uchraishrava[79] entre os nobres corcéis, o néctar da imortalidade; entre os elefantes sou airavata[80]; entre os governantes sou o monarca supremo.

28 — Entre os projéteis ígneos sou o raio; entre os animais do campo sou a vaca fecunda[81]; como força procriadora sou Kandarpa, o deus do amor; entre as serpentes sou Vasuki, a sede do conhecimento.

29 — Entre os dragões sou Ananta, o imortal; entre os seres aquáticos sou Varuna[82], o criador dos mundos. Entre os ancestrais eu sou o patriarca; sou o Juiz supremo entre os juízes.

30 — No jogo dos tempos eu sou a Eternidade; entre as forças ocultas sou a Magia; entre os rapineiros das selvas sou o leão; entre os voláteis do espaço sou a águia.

31 — No reino dos ares sou a liberdade; entre os guerreiros sou a vitória; entre os animais que habitam as águas sou o crocodilo; entre os rios sou o Ganges.

32 — Eu sou o princípio, o meio e o fim do Universo, a sua essência real e a sua existência aparente. Eu sou a sapiência dos sapientes, a vidência dos videntes, o verbo das línguas, a luz dos olhos.

33 — Eu sou o "A" entre as letras do alfabeto, o pensamento dos pensadores, a vida dos videntes, o amor dos amantes, o sustentáculo cósmico de tudo quanto existe.

---

[79] Uchraishrava — o Pégaso, ou cavalo alado, símbolo da inspiração poética.

[80] Airavata — o mais forte dos elefantes.

[81] A vaca é, na Índia, o símbolo da Natureza fecunda e útil.

[82] Varuna, a mãe da água. Desde a Antiguidade (muito antes de Tales de Mileto!) é a água considerada como o elemento básico e criador de todas as coisas.

34 — Eu sou o nascer que tudo forma, e o morrer que tudo transforma. Entre as qualidades femininas sou virtude e beleza, graça e modéstia, eloqüência e paciência.

35 — No coro dos hinos eu sou o cântico dos cânticos; entre as palavras sacramentais eu sou o sacro gayatri[83]. Dos meses lunares sou o primeiro; entre as estações do ano sou a sorridente primavera.

36 — Entre as forças sutis eu sou o imponderável, neste mundo de dualidade; sou o fulgor das coisas fúlgidas, a bondade dos corações bondosos, a grandeza dos grandes e a vitória dos vitoriosos.

37 — Entre os poderosos do mundo eu sou Vasudeva, o Senhor do Universo. Entre os sábios sou representado por Vyasa, o príncipe dos poetas.

38 — Eu sou Deus em tudo, a força dos fortes, a beleza dos belos, a astúcia dos astutos, o saber da inteligência dos sapientes; sou o silêncio, onde habita o mistério de Deus.

39 — No seio de cada coisa sou a semente do ser; não há nada, animado ou inanimado, que tenha existência separada de mim.

40 — Ó Arjuna! Sem limite é a plenitude do meu Ser, imensa a minha grandeza. O que te disse não passa de pequenina parcela.

41 — Onde quer que haja algo glorioso ou belo, bom ou poderoso, no Universo da criação, sabe, ó príncipe, que é um reflexo da minha glória.

42 — Mas, Arjuna, por que prosseguir nessa enumeração? Basta saber que em todas as coisas está o meu divino Eu; do meu Ser emanou o Universo todo, como manifestação da minha divina Essência.

---

[83] Gayatri — mantra de evocação divina.

CAPÍTULO 11

A visão da forma cósmica de Brahman

Este é o mais estranho, para não dizer fantástico, de todos os capítulos do Bhagavad Gita. *Krishna tenta descrever, em termos visionários, o* Adi-Atman, *a primeira e mais alta individuação da Divindade Universal. Segundo todos os videntes, a Divindade Universal, Brahman, o Transcendente, o Absoluto, o Anônimo, o Imanifesto revela-se ou individualiza-se, relativiza-se, finitiza-se sem cessar no cenário cósmico. O Verso é a limitação do Uno. E a primeira e mais perfeita manifestação da Divindade em forma de Brahman se pode chamar o Adi-Atman, a Primeira Alma, ou Primeiro Deus, que os livros sacros do cristianismo denominam o "Primogênito de todas as criaturas", ou "o Unigênito da Divindade", e que nós chamamos o Cristo Cósmico.*

Krishna esgota todo o seu vocabulário para dar ao seu discípulo Arjuna uma idéia dessa mais alta manifestação de Brahman. Os atributos que lhe confere não são apenas positivos e benéficos, mas também negativos e maléficos. Sendo que a Divindade Transcendental está "para além do bem e do mal", também a sua mais alta revelação em forma do Adi-Atman é a mais vasta síntese de todas as antíteses, suaves e terríficas, amáveis e temíveis, uma vez que Deus, além de ser a luz do mundo, é também um fogo devorador. A luz é vivificante, o fogo é mortífero.

O que Krishna mostra a Arjuna é a quintessência da vida e da morte, o construtor e o destruidor, uma vez que Bhagavad Gita não tem, primariamente, um caráter pedagógico, mas, sim, ontológico.

Arjuna quase sucumbe a esse tremendo impacto cósmico e pede a Krishna que o poupe de ulteriores visões terrificantes.

Se o homem sofresse o impacto da Realidade Total, seria desintegrado em sua individualidade e se dissolveria na própria Realidade Universal, deixando de viver como individualidade. Felizmente, os sentidos e o intelecto do homem se interpõem entre ele e a Realidade Integral como um anteparo protetor que o defende contra a dissolução da sua individualidade. "O homem existe", diz Aldous Huxley, "graças às suas limitações".

Fala Arjuna:

1 — Dissipou-se a noite da minha ignorância, revelou-se-me o grande mistério! O que me disseste de Adi-Atman[84] me libertou das algemas do erro.

2 — Revelaste-me, ó Mestre excelso, a origem e o fim de todas as coisas; fizeste-me ver que todos os seres só têm existência em ti e que tu és a essência de todos eles.

---

[84] Adi-Atman (ou Adhy-Atman), palavra sânscrita que significa literalmente o "primeiro" (adi) "Eu" ou a primeira "alma" (atman). *Eu* ou *Alma* representam a forma individual consciente da Suprema Realidade Universal.

Esse Adi-Atman veio de Deus, "no princípio", isto é, no início dos tempos, porque antes de haver individuação no Universo não havia tempo, só havia eternidade. Com o Adi-Atman começa o tempo. "Pai, glorifica-me agora com aquela glória que eu tinha antes que o mundo existisse" — com estas palavras se refere o Cristo Cósmico, anterior à encarnação do ego em Jesus de Nazaré.

Nas primeiras páginas do *Gênesis* aparece a palavra *Adam*, contração das palavras sânscritas *adhy-aham* (ou adi-aham), que significa o "primeiro ego". *Aham* ou *ego* significa um indivíduo dotado da consciência intelectual da pessoa, em seu primeiro estágio evolutivo, acima da subconsciência animal-vegetal-mineral. *Adam* ou *Adhy-aham* é o qualificativo que o autor do *Gênesis* dá ao primeiro ser individual ego-consciente que apareceu sobre a face da terra. Quando esse subego do "Éden" passou para o ego consciente da "serpente", foi ele expulso, em virtude dessa sua evolução, do paraíso terrestre do seu estado subconsciente; comeu "do fruto da árvore do conhecimento do bem e do mal"; de inconsciente ou subconsciente se tornou ego-consciente — mas ainda não Eu consciente, porque ainda não comeu do "fruto da árvore da vida", que continua, inatingida, no Éden, até que a "serpente" horizontal do ego seja "erguida às alturas" da "serpente" vertical do Eu crístico, na linguagem esotérica do próprio Cristo.

3 — E, contudo, apesar de me teres declarado a tua divina essência, desejaria conhecer-te na forma existencial acima de todas as miragens deste mundo fenomenal[85].

4 — Se, pois, me julgares capaz de te contemplar em teu supremo esplendor, ó Onipotente, mostra-me a tua face e revela-me o teu excelso Eu Cósmico.

Fala Krishna:

5 — Contempla, pois, ó filho da terra, a mim como o Uno através das formas múltiplas, centenas e milhares de cores e figuras, numerosas como as estrelas do céu.

6 — Contempla as entidades celestes, os espíritos e anjos, os demônios, forças cósmicas que sobem e descem e se desdobram em fascinantes deslumbramentos.

7 — Contempla, como um Todo harmonioso, o Universo inteiro na epopéia das suas formas. Tudo isso é meu corpo, e eu sou o seu espírito — seja o que for, tudo está em mim.

8 — Mas com os olhos do corpo não podes contemplar o meu divino Ser; pelo que te abrirei o olho do espírito — contempla agora a minha natureza mística[86]!

---

[85] Isto é, na forma intermediária entre a Divindade sem forma e as formas inferiores do nosso mundo material; na "Forma Cósmica" da mais alta individuação do Universal — o "Cristo Cósmico" anterior à encarnação telúrica, o divino "Logos" ou "Verbo", antes de se fazer carne em Jesus.

[86] A iniciação espiritual está intimamente relacionada com esse abrimento do "olho simples", chamado também o "olho místico", o "olho de Shiva", o "olho do Cristo", cujo veículo material se acha localizado na base da testa, entre as sobrancelhas. "Se o teu olho for simples — diz o Cristo — todo o teu corpo está cheio de luz." Esse texto esotérico do Evangelho é um enigma para os teólogos e exegetas profanos. Profetas, apóstolos, místicos, videntes, filósofos, rishis, mahatmas, quando ultrapassam as barreiras de tempo e espaço, convergem todos no conhecimento da mesma verdade suprema. Os iniciados em *Kriya-yôga* conhecem esse mistério. É o *árreta rémata* (ditos indizíveis) que Paulo de Tarso ouviu no "terceiro céu" *(*samadhi*)*.

Fala Sanjaya:

9 — Depois de assim ter falado, o Senhor dos mundos se revelou ao filho da terra em sua própria Forma Cósmica, como soberano que abrange o Universo total.

10 — Em aspectos vários, em múltiplos graus de consciência, glorioso, plurimorfo, revestido de todos os esplendores celestes, pervadido de todas as energias do cosmos.

11 — Detentor da natureza divina, guarnecido de todos os ornamentos do céu, envolto em perfumes — um ser maravilhoso, onividente, repleto de luz e de amor.

12 — Se mil sóis surgissem no horizonte, não seria a sua luz comparável ao fulgor que o olho espiritual de Arjuna contemplou.

13 — O que o filho de Pandu contemplava era o Universo Integral, móvel e imóvel, uno em seu ser e múltiplo em seu existir, suprema harmonia de corpo e espírito.

14 — Transido de pasmo e delícia, caiu Arjuna por terra, baixou a cabeça em adoração perante o Deus da revelação cósmica e, de mãos postas, assim falou:

Fala Arjuna:

15 — Ó Deus! Em teu corpo cósmico vejo todos os deuses e todos os seres em vários estágios de evolução; vejo Brahman, o criador, vejo os excelsos sábios e os espíritos de fogo[87].

16 — Cheios de braços e de seios sem conta[88] para nutrirem o mundo inteiro; vejo-te também munido de muitos olhos — não enxergo princípio, nem meio, nem fim.

---

[87] Em sânscrito "salamandras ígneas", que são os "serafins" ou "serpentes de fogo", simboliza as mais altas inteligências do cosmos.

[88] Braços e seios simbolizam força e nutrição.

17 — Vejo-te com coroa, clava e escudo, mas nada diviso nitidamente, porque o oceano dos teus esplendores, que despedem raios para todos os lados, ofusca-me a visão.

18 — Tu és o Uno, a meta suprema do conhecimento e o coração do Universo, o guardião da Lei imperecível, o eterno fundamento de tudo quanto existe.

19 — Sem princípio, sem meio e sem fim, eterno em teu poder e teu agir; o sol e a lua são teus olhos, a tua face é como um fogo coruscante.

20 — Enches de luz os espaços cósmicos, e teu amor acalenta o mundo, porquanto os céus e as regiões do espaço estão cheios da tua glória.

21 — Se te mostras em tua forma terrífica, tremem os três mundos, fogem os deuses, e as turbas dos rishis clamam, de mãos postas: "Faça-se a tua vontade, ó Poderoso, e estabeleça-se a paz!"

22 — Todos te glorificam, ó, Santo, todos: Adityas, Rudras, Vasus, Sayas, Ashvins, Maruts, Ushampas, a multidão dos Gandharvas, dos Yakshas, dos Asuras e dos Siddhas[89].

23 — Em grande número te rodeiam e, estupefatos em face da tua forma que abrange o cosmos, os mundos contemplam a tua majestade, com temor e tremor — e dentro de mim me treme o coração.

24 — Vejo o teu Ser expandir-se pelo céu acima, radiando em inúmeras cores flamejantes. Aterram-me, ó Vishnu, a tua boca aberta e teus olhos de fogo — lá se foram a minha coragem e a minha paz!

---

[89] Nomes das diversas hierarquias de entidades superiores e inferiores do mundo invisível — anjos, diabos, demônios, etc. Cf. palavras de São Paulo: "Em nome do Cristo (Cósmico) se dobrarão todos os joelhos, dos que estão no céu, na terra e nos ínferos, confessando que o Cristo é o Senhor".

25 — Incêndios cósmicos irrompem da tua garganta — desmaio de pavor — tem piedade de mim, Senhor dos mundos!

26 — Os filhos de Dhritarashtra, juntamente com os exércitos dos reis e dos heróis, Bhishma, Drona, Suta e Karma, com o escol dos nossos guerreiros...

27 — Todos eles somem na terrível garganta, nesse abismo eriçado de dentes — ai! quantos vejo, de membros dilacerados, suspensos por entre esses dentes pontiagudos[90]!...

28 — Quais torrentes em veloz demanda do mar, assim vejo a flor dos nossos heróis a precipitarem-se, irresistíveis, em tua garganta faminta de fogo...

29 — Como as mariposas alucinadas pela luz encontram morte súbita na chama, assim vão esses mundos, sem cessar, ao encontro da destruição...

30 — Deglutindo, com teus lábios de fogo, devoras todos os mortais; tua luz pervade os mundos, Senhor, e teus raios aniquilam todos os povos[91].

31 — Quem és tu, nessa forma terrífica?... Curvo-me diante de ti... De todo o coração anelo por conhecer-te — mas não compreendo a tua revelação...

Fala Krishna:

32 — Eu sou o tempo eterno, o destruidor dos mundos; eu destruo qualquer gênero humano; de todos os guerreiros que aqui contemplas não sobreviverá um só.

---

[90] Para as faculdades do homem telúrico causa a visão do Cristo Cósmico, no princípio, essa impressão de terror e destruição, porque "Deus é um fogo devorador, ninguém o pode ver e ainda viver" (Bíblia).

[91] Deus é tanto Vishnu como Shiva, a luz da vida e o fogo da morte, tanto o criador como o destruidor, como o descreve o Apocalipse, cujo paralelo vem descrito neste drama de luz e trevas.

33 — Ergue-te, pois, e reveste-te de coragem! Conquista vitória e glória! O meu poder já derrotou o inimigo — seja o teu braço apenas o instrumento do meu poder!

34 — Esmaga-os todos. Drona e Bhishma, Jayadratha e Karma e todos os demais guerreiros valentes. Eu já os matei. Não temas! Lança-te à luta — e serás vencedor[92]!

Fala Sanjaya:

35 — Depois de ouvir essas palavras, ergueu Arjuna as mãos com reverência ao Senhor dos mundos e, repleto de temor, com os lábios trêmulos, assim falou a Krishna:

Fala Arjuna:

36 — Com razão, ó Krishna, exulta o mundo em tua luz e glória. Fogem, espavoridos, os gigantes, e os pigmeus tombam a teus pés.

37 — Só a ti compete a glória, ó Soberano dos mundos; mais alto que Brahman, o criador, és tu a Causa prima, o Ser Supremo, o Deus dos deuses que habitam o Universo. Tu, o Uno, que existes e inexistes, porque transcendes um e outro[93].

38 — Tu és o Deus supremo, a primeva Divindade, o Ser terno, o sublime refúgio do Universo. Tu és a Verdade autocognoscente, sem forma, permeando todo o cosmos.

---

[92] Não admira que, em face de tão insistente convite, muitos vejam, nessas palavras de Krishna, um apelo para a "guerra justa", quando, na realidade, esse convite se refere à luta do Eu divino no homem contra seu ego humano. Cf. "O reino dos céus sofre violência, e os que usam violência o tomam de assalto". "Eu não vim para trazer a paz, mas sim a espada."

[93] A Divindade não *existe* nem *inexiste*, mas simplesmente *siste*, ou *é*, porque o Ser Absoluto está para além das polaridades do mundo fenomenal. A Divindade é a grande Tese (neutra), da qual os mundos são pequenas antíteses (positiva e negativa), que, no plano consciente, podem culminar na síntese da imortalidade do indivíduo humano. Quem, pelo poder da intuição, ultrapassa a zona das análises mentais, sabe que a Divindade é Yahveh, "aquele que é", para além de todo o existir ou inexistir. Ele é o Sistir ou Ser universal, para além do tempo e espaço.

39 — Tu és Vayn, o vento; Yama, a morte; Agni, o fogo; Varuna, a chuva; Sasanka, a criação; Prajapti, o Senhor de todos os seres. Salve! Salve, sem cessar!

40 — Louvor e saudação a ti, de cima e de baixo e de todos os lados! Poder infinito, força sem fim, tu és o Todo que tudo sustentas.

41 — Se te tratei confidencialmente, como amigo, e te chamei "Krishna", "Yadava", "Companheiro", levado por inadvertência, simpatia ou ignorância da tua majestade.

42 — Se não te tratei com suficiente reverência, ao sentar-me, ao andar, ao deitar-me, ao levantar-me, a sós ou em sociedade — perdoa-me, ó inescrutável Soberano!

43 — Tu, pai de todos os seres, móveis e imóveis; tu, o único Adorável; tu, Mestre supremo! Não há ninguém, nos três mundos, igual a ti — e como poderia alguém superar-te, ó insuperável Poder?

44 — Senhor adorável, diante de ti me curvo e, reverente, prostro-me em tua presença. Suplico o teu perdão. Assim como o pai perdoa ao filho, o amigo ao amigo, o amante à amada, assim me perdoa, Senhor!

45 — Exulta o meu coração à vista dos teus prodígios nunca vistos — e, no entanto, enche-me de temor o coração... Em forma diferente desejaria ver-te, ó Misericordioso.

46 — Como outrora te via desejaria ver-te novamente, de coroa, clava e escudo, em tua forma cósmica, com milhares de braços, ó Ser infinito!

Fala Krishna:

47 — Pelo místico poder da minha graça, ó Arjuna, acabo de mostrar-te a forma radiante da minha presença cósmica, como antes de ti nunca ninguém me contemplou[94].

---

[94] Isto é, na forma cósmica, pré-telúrica, antes de o Verbo se fazer

48 — Nem pela leitura dos Vedas, nem por meio de sacrifícios, nem por estudos, nem por boas obras, nem por austeridades pode um mortal conhecer-me assim como tu acabas de ver-me[95].

49 — Não te perturbes nem cedas ao temor, pelo fato de me teres contemplado na minha forma terrífica. Afugenta o temor e, de coração alegre, volta a contemplar-me na minha forma benigna de outrora.

Fala Sanjaya:

50 — Depois dessas palavras, reapareceu Vasudeva outra vez em sua forma normal. E esse aspecto do Maha-Atman[96] na sua forma benigna deu ânimo ao pusilânime.

Fala Arjuna:

51 — Agora que te contemplo novamente, ó Deus em forma humana, torna o meu coração a encher-se de alegria e reconquisto a serenidade do espírito.

Fala Krishna:

52 — Com efeito, é extremamente difícil aos mortais obter a

---

carne. Ver o primeiro capítulo da epístola de São Paulo aos Colossenses.

[95] O ego humano não pode de si produzir essa visão, embora possa e deva preparar o ambiente para que a força da graça divina possa agir. "Quando o discípulo está pronto, o mestre aparece."

[96] Maha-Atman, a "grande alma", é outro nome para Adi-Atman, a "primeira alma" (o primeiro ou supremo Eu), que é o Cristo Cósmico, antes da sua encarnação telúrica. Cf. notas 85 e 86. A lamentável confusão entre o Cristo Cósmico e o Cristo Telúrico (encarnado em Jesus de Nazaré), confusão cometida pelos teólogos da sinagoga de Israel e pelos teólogos das nossas igrejas cristãs, torna impossível a compreensão da verdadeira natureza do Cristo. O Cristo Jesus é, certamente, idêntico ao Cristo-Cósmico, mas a sua forma é diferente. "Despojou-se — escreve São Paulo aos cristãos de Filipes — da forma divina e revestiu-se de forma humana", ocultando, durante a sua vida terrestre, a forma do Cristo Cósmico. Mais tarde, depois de sofrer, voluntariamente, na forma do "Verbo encarnado", tornou a "entrar em sua glória", como ele diz aos discípulos de Emaús.

visão da forma em que existo; é oculta aos próprios deuses, que, sem cessar, por ela anseiam.

53 — Nem pelo estudo dos sagrados Vedas, nem pela prática de austeridades, nem por oferendas, nem pelo rito de sacrifícios pode alguém ver-me assim como tu me viste.

54 — Somente por um amor sem reserva, ó Arjuna, pode alguém ver-me assim como eu sou na verdade, e essa visão do meu ser lhe dá imortalidade.

55 — Aquele que em tudo que faz visa a mim somente e inteiramente se entrega a mim, livre de apego e hostilidade para com ser algum da natureza — só esse se une totalmente a mim.

CAPÍTULO 12

Do amor universal

Discutem os homens se Brahman é pessoal ou impessoal. Brahman, em sua Suprema Divindade Transcendente, não é isto nem aquilo; mas os homens, sendo indivíduos personalizados, não podem conhecer a Divindade assim como ela é em si, mas apenas como ela se reflete no homem. O Impersonal, ou Transpersonal, é sempre apreendido como personalidade ou individualidade.

O Absoluto só pode ser conhecido e amado pelo Relativo como se fosse relativo.

O Infinito só pode ser atingido pelo Finito como se fosse finito.

É inútil discutir esse problema. Cada homem deve conhecer e amar o Absoluto e Infinito do melhor modo possível. O Uno se reflete necessariamente no Verso como Verso, Diverso e Diversificado, porque a Realidade Una se manifesta sempre como facticidades diversas. É esta a natureza do Universo Integral: Ser Uno no seu Ser e Verso no seu Existir. A criação é o sacrifício cósmico do Criador.

Se o Uno fosse apenas unitário, seria monotonia; se o Verso fosse apenas diversitário, seria caos — mas como o uno é diversitário e o Verso é unitário, o Universo é perfeita harmonia.

Sendo o homem um microcosmo univérsico, feito à imagem do macrocosmo do Universo, deve a perfeição do homem consistir também em perfeita unidade com perfeita diversidade, deve revelar a unidade do seu Eu central na diversidade dos seus egos periféricos — o Homem Cósmico.

Fala Arjuna:

1 — Servir-te, Senhor, como o Deus único, Manifesto — ou servir-te, como o Único, Imanifesto, Eterno e Universal — qual é o caminho melhor para os devotos?

Fala Krishna:

2 — Aquele que com firme fé me cultua assim como me apreende em seu coração, sob a forma em que me pode apreender, esse me é querido e santo.

3 — Mas quem me compreende como o Eterno, o Anônimo, o Imanifesto, o Inconcebível, o Supremo, não limitado por forma alguma, o Infinito;

4 — Quem me cultua deste modo e, contudo, enxerga a minha presença em todos os seres e, praticando o bem, vive jubilosamente — esse acabará por se unir a mim.

5 — Entretanto, árduo é esse caminho para os que procuram encontrar o Imanifesto por meio de um amor afetivo; difícil é esse caminho para os que ainda vivem em corpo carnal.

6 — Mas quem de coração puro se voltar a mim e fizer em meu espírito tudo quanto faz; quem renunciar a si mesmo e, dia e noite, firmado em mim, me servir;

7 — Esse será salvo por mim do tempestuoso mar da existência desse inconstante mundo do nascer e do morrer, porque buscou refúgio em mim.

8 — Pelo que, volta a mim o teu coração; apreende-me com todo o teu querer; faze repousar em mim o teu espírito e encontra em mim a tua beatitude.

9 — Mas se não fores capaz de me atingir em tão excelsa altura; se a tua mente, ó filho da terra, levar-te às baixadas, por ser fraca demais para essa doação total — então procura trilhar o caminho menos árduo do devotamento afetivo.

10 — Se nem desse devotamento fores capaz, cultua-me com tuas atividades; se a mim somente dedicares as tuas atividades, também atingirás a meta da perfeição.

11 — Se mesmo disso fores incapaz, refugia-te a mim, renunciando aos frutos do teu trabalho, e serve-me com perfeita humildade.

12 — Verdade é que o saber espiritual é melhor que o fazer material; porém, melhor que ambos é o amar integral — e isso requer total desapego; quem a tudo renuncia por amor, este está perto da meta final.

13 — Quem não quer mal a ser algum e, liberto de ódio e egoísmo, é benévolo para com todas as criaturas; quem permanece fiel a si mesmo, no prazer e no sofrimento, sempre sereno e paciente;

14 — Quem tem fé em mim e vontade reta; quem controla o coração e mantém a mente fixa em mim e, totalmente, com reverência e amor, consagra-se em mim — este me é querido.

15 — Quem a ninguém ofende neste mundo, nem se sente ofendido por ninguém, mas paira acima de gozo e dor, liberto de cólera e temor — este me é querido.

16 — Quem nada aceita nem nada rejeita em interesse pessoal; quem se desapega de tudo que é perecível e só aspira ao imperecível — este me é querido.

17 — Quem é sereno e equilibrado em face de amigo e inimigo, imperturbável em face de louvores e vitupérios, em face de calor e frio, em face de prazer e sofrimento, livre de qualquer escravidão — este me é querido.

18 — De todos o mais querido, porém, é aquele que me ama acima de tudo, aquele cuja vida é amor — a este tal amo-o sobremodo e alimento-o com meu amor.

CAPÍTULO 13

Relação entre corpo e alma

No presente capítulo explica Krishna a Arjuna o monismo macrocósmico e o monismo microcósmico, absoluta unidade do Universo sideral e do Universo hominal. Entretanto, essa absoluta unidade da essência se manifesta sem cessar na dualidade, ou pluralidade, das existências; o que os nossos sentidos percebem e o intelecto concebe é a pluralidade existencial que decorre necessariamente da unidade essencial e, por isto, não pode ser tachada de simples ilusão, ou Maya. *Aliás, a conhecida palavra sânscrita* Maya *não quer dizer propriamente ilusão no sentido de engano, irrealidade; esse termo é derivado de* maha *(grande) e* ya *(afirmação); quer dizer, o mundo fenomenal é a "grande afirmação" da Realidade Numenal de Brahman.*

Também a palavra latina illusio *(ilusão) é composta de* in *(dentro) e* lusio, *palavra derivada de* ludere, *que quer dizer jogar, brincar. De maneira que* illusio *significa o "jogo interno", ou seja, a projeção imanente da Realidade Transcendente. Nesse sentido, escreveu Salomão, cerca de mil anos antes de Cristo, no livro dos Provérbios: "A sabedoria de Deus brinca* (ludit) *todos os dias sobre o orbe terráqueo* (ludens in orbe terrarum)*".*

A natureza é, pois, maya *e* illusio, *no sentido de "grande afirmação", ou "jogo interno", que são como que reflexos visíveis projetados no espelho bidimensional de tempo e espaço do mundo visível. Quando o homem, em estado de suprema cosmo-vidência, vê a Realidade essencial para além de todas as facticidades existenciais, então tem ele uma visão para além dos espelhos e enigmas das facticidades; então o homem vê face a face a própria Realidade.*

Mas... aqui terminam palavras e pensamentos e impera o Eterno Silêncio da visão direta da Realidade...

Quem nunca teve essa silenciosa visão da Realidade (êxtase, samadhi, satori, terceiro céu) não tem perspectiva exata em face do mundo fenomenal refletido no espelho do tempo e espaço; é um pobre sonhador dormente que sonha os seus próprios sonhos, e sonha estar acordado — esse pobre ilusor iludido...

Fala Arjuna:

1 — Bem quisera eu, Senhor, conhecer a natureza do corpo material, que parece viver, e da alma que vive; quisera conhecer o campo da vida e da ação, e também o conhecedor desse campo, o conhecimento e o objeto desse conhecimento.

Fala Krishna:

2 — Ó filho da terra! O corpo é o campo, e a alma consciente nesse corpo é pelos sábios chamada o "conhecedor do campo".

3 — Eu sou a alma consciente, que habita em todos os corpos; o verdadeiro conhecimento é somente aquele que em si mesmo conhece aquilo que é.

4 — Ouve, pois, o que é esse campo do corpo, qual a sua natureza, qual a sua origem e quais as suas metamorfoses — e ouve também o que é a alma que o anima, e seus poderes que lhe dão grandeza.

5 — Essa verdade foi cantada pelos videntes de modos vários, preconizada pelos Vedas e explanada nos comentários dos brâhmanes, com arguto raciocínio e lucidez filosófica.

6 — A energia primeva é imanifesta; a vida consciente, a mente e a invisível força do espírito, os sentidos externos e os objetos da sua percepção formam o veículo que a alma constrói.

7 — Afeição e aversão, prazer e dor, percepção, vontade, intelecto e consciência, são estes os atributos que lhe competem.

8 — Humildade, sinceridade, paciência, probidade, não-violência, pureza, fidelidade, constância, fortaleza, autodomínio, amor à verdade, reverência em face do sagrado;

9 — Menosprezo de satisfações sensuais, total libertação do egoísmo, clareza sobre o valor relativo de nascimento e morte, velhice, enfermidade e dor;

10 — Liberdade de apego, não-identificação do Eu com esposa ou filho, casa ou qualquer propriedade material, manutenção da serenidade interna em face de circunstâncias gratas ou ingratas;

11 — Indeclinável devotamento a mim, obtido por incessante focalização do meu Ser; amor à solidão, aversão à adulação pública;

12 — Consagração ao conhecimento da verdade e à realização do Eu — tudo isso é chamado sabedoria, e o que lhe é contrário é ignorância.

13 — É essa a luz da sapiência que confere imortalidade; é o Brahman supremo e eterno, que não é existência nem inexistência[97].

14 — Deus não existe nem inexiste. Embora residindo em todas as formas, é ele sem forma. As potências celestes são as mãos do Soberano. Onipresentes são os seus olhos, suas cabeças, suas bocas, seus ouvidos, seus pés.

15 — É ele que abrange, sustenta e ilumina o mundo, glorioso em todo o seu poder, porém não limitado por coisa alguma; senhor de toda a obra, e não ligado por obra alguma.

16 — Movente de tudo, e não movido por nada; ele, que ninguém pode abranger e que tudo abrange, o Único, o Indivisível.

17 — Infinitamente propínqüo e infinitamente longínqüo; é ele

---

[97] Sat (*Realidade, Ser*) e Asat (*Não-realidade, Não-ser*), em sânscrito. A Realidade Absoluta (Tese) está para além dos Realizados Relativos (antíteses e sínteses). Na ordem lógica do conhecer, aparece Deus (a Realidade) como polarizado — mas na ordem ontológica do ser é ele impolar, por ser onipolar. O Ser Absoluto está além de todo o existir ou não-existir relativos.

mesmo a vida que dá a todos os seres; é ele o poder que tudo cria e tudo destrói.

18 — É ele a luz das luzes, para além de todas as trevas; o conhecedor, o conhecido e o próprio conhecimento, que reside no âmago de todas as coisas.

19 — Acabo de explicar-te brevemente, ó Arjuna, o que é o campo, o conhecedor e a realidade cognoscível; quem isso compreende vem ter comigo.

20 — Sabe também que tanto a matéria como o espírito são sem princípio e que os atributos da Natureza têm a sua origem na própria Natureza[98].

21 — Atua a matéria em virtude do seu poder interno, construindo formas mutáveis; o espírito que nela habita e a fecunda faz com que ela experimente prazer e sofrimento[99].

22 — Quando o espírito se une à matéria, participa dos atributos que caracterizam a Natureza, e com eles produz o bem e o mal.

23 — O supremo Espírito Cósmico é o dominador onipotente: "senhor e espectador" é o nome que lhe dão; embora incorporado em invólucros terrenos, permanece ele indene do impacto da Natureza.

---

[98] A essência de todas as existências é eterna, por ser a própria Realidade do Ser. A diversidade, no tempo e no espaço, provém das existências.

[99] Matéria e espírito não são contrários, mas complementares um ao outro; são dois símbolos para um simbolizado, que está para além deles e eternamente ignoto, o grande X, a indecifrável Incógnita. Deus não é nem espírito nem matéria, no sentido polarizado em que usamos esses termos; Deus é a Realidade Absoluta, para além de todos os "pares de opostos" relativos do nosso conhecer. O materialista ingênuo julga saber o que é a matéria, mas engana-se; o que ele conhece são apenas alguns dos fenômenos empíricos da matéria, cuja íntima essência nos é tão desconhecida como a do espírito. O positivo do espírito e o negativo da matéria são derivados do Neutro ou Universal duma Realidade ultra-espiritual e ultramaterial. Mas essa grande Tese, para além das antíteses e da síntese, é, para nós, eterno enigma e indevassável mistério.

24 — Aquele que, desse modo, conhece-se a si mesmo, como sendo esse espírito, alcançou a luz verdadeira; filho da luz, liberto do seu fardo, não tornará a nascer para sofrer.

25 — Pelo autoconhecimento encontram alguns homens o seu verdadeiro Eu; outros, pelo caminho do raciocínio e por atividade de sabedoria e santidade.

26 — Outros demandam a luz seguindo os ensinamentos de mestres iluminados, e assim também eles superam a morte.

27 — Todo ser que existe, seja móvel ou imóvel, planta ou animal, é um composto de matéria e espírito.

28 — E aquele que, nessas formas mutáveis, contemplar a mim, o Único, o supremo Senhor, o Incriado e Imutável, esse é um vidente que realmente vê.

29 — Quem enxerga o onipotente Senhor do mundo em si mesmo e nos outros seres, esse removeu do Eu o véu do ego, deixa de fazer o mal e anda seguro, rumo à sua plena realização.

30 — Aquele que conhece que o que a Natureza produz só ela o faz, e que o Eu é inativo e simples espectador, esse também é vidente[100].

31 — E quem compreende que a multiforme pluralidade das criaturas vem da unidade e, finalmente, convergirá na unidade, esse vive em Deus.

32 — O Ser Supremo é livre de coação, livre dos atributos da Natureza; e, mesmo quando incorporado, não é atingido por nada que a Natureza opera.

---

[100] Não é o ego pessoal do homem, mas o seu Eu Universal, o Deus interno, a Natureza essencial, que tudo produz. “As obras que faço não sou eu (meu ego) que as faz, mas sim o Pai que em mim está (o Eu divino).”

33 — Assim como o éter permeia os corpos sem ser por eles limitados, assim habita o Espírito Cósmico nos seres, totalmente livre e não afetado por suas obras.

34 — Assim como a luz solar penetra os espaços, sem ser maculada pelo lugar em que está, assim brilha a luz do supremo Eu, imanente em tudo, pura e imaculada.

35 — Aquele que, assim, pela visão da sabedoria, compreende a diferença entre espírito e matéria e como a luz se liberta das trevas, em todas as coisas da Natureza, esse atingiu a luz e entra no reino da paz.

CAPÍTULO 14

Vitória sobre as três forças da natureza

Neste capítulo refere-se Krishna à concepção básica que a filosofia oriental tem da Natureza, composta de três gunas ou atributos: sattva, rajas e tamas, que poderíamos traduzir por luz, fogo e trevas.

Quando refletidos no microcosmo hominal, esses atributos do macrocosmos mundial aparecem como sabedoria, cobiça e ignorância. Quando o homem é plenamente iluminado, ou até lucificado, pela luz da intuição espiritual, que é sapiência (sattva), a visão da suprema Realidade, acha-se ele totalmente liberto do fogo da cobiça, dos desejos e de qualquer ganância, e também totalmente liberto das trevas da ignorância.

A ignorância (avidya) é a base profunda dos desejos ou da cobiça, que mantém o homem no sansara do nascer-viver-morrer e não o deixa chegar ao nirvana do puro viver, que ignora nascer-morrer-renascer.

Entretanto, o homem iluminado pela sapiência de sattva não despreza o mundo de rajas e tamas; ele domina totalmente esse mundo mental e material, e não é mais por ele dominado e tiranizado.

Por isto diz o Bhagavad Gita *que "o ego é o pior inimigo do Eu, mas o Eu é o melhor amigo do ego". O homem plenamente realizado pela sapiência não é inimigo do mundo mental e material, mas serve-se desses mundos como meios para atingir a sua meta espiritual, consoante a sabedoria de Krishna: "O ego é um péssimo senhor, mas é um ótimo servidor".*

Fala Krishna:

1 — Passarei a revelar-te mais ainda o mistério da mais alta sabedoria, que excede todo o conhecimento e pela qual os meus videntes atingem suprema perfeição, após esta vida.

2 — Os que estão consolidados nessa verdade e lhe descobriram o sentido profundo já não estão sujeitos a nascimento, durante a minha manifestação cósmica, nem são atingidos pelas vicissitudes da origem e do fim dos mundos.

3 — O Universo é o grande ventre materno no qual lanço as sementes de todas as coisas[101], e delas, ó filho da terra, procedem todos os seres vivos de qualquer espécie.

4 — Pois, toda vez que nasce um ser, seja em que forma for, sou eu, o espírito do pai, que lhe dou vida, deitando as sementes das quais as formas nascem.

---

[101] Dessas "sementes cósmicas" fala Santo Agostinho, no seu livro *De Genesi a literam*, antecipando a teoria evolucionista de Charles Darwin por um milênio e meio. Ver no meu livro *Agostinho*, capítulo 10. As sementes cósmicas são a potencialidade latente, as formas são a atualidade manifesta. O *Eidos* (Idéia) de Platão e os *Semina rerum* do poeta romano também significam essas potências dormentes lançadas pelo espírito criador no seio da grande mãe cósmica, que os orientais chamam Maya.

Brahman (neutro), quando passa a ser Brahma (masculino), se torna o pai eterno, uno e único, que, fecundando Maya, a natureza-virgem, se pluraliza indefinidamente através da criação; a luz incolor da unidade inicial se dispersa no multicolor da pluralidade do cosmos — e isso é Universo, um em diversos, unidade na diversidade.

Segundo a teologia grega ortodoxa, o Cristo Cósmico nasce do conúbio do Pai Eterno (1ª pessoa da Trindade) e da *Hágia Sophia* (Santa Sabedoria, que é a 2ª pessoa, a Virgem Cósmica), e dessa fecundação nasce o Cristo humano, o Espírito Santo fecunda a Virgem Telúrica, Maria de Nazaré, e deste novo conúbio nasce o Cristo Telúrico, que se manifestou na terra por Jesus de Nazaré.

Na atual teologia cristã ocidental há uma confusão entre as duas gerações, a do Cristo Cósmico e a do Cristo Telúrico.

A majestosa catedral de Istambul (Constantinopla) é consagrada a *Hágia Sophia*, isto é, Santa Sabedoria, que simboliza o Espírito Santo, e a qual no Livro da Sabedoria, do Antigo Testamento, aparece como a *Sophia*, que quer dizer sabedoria ou sapiência.

5 — Sattva, iluminação, Rajas, atividade, e Tamas, passividade[102] — são os três poderes que nascem da Natureza e prendem o espírito infinito a este mundo finito[103].

6 — Desses três, Sattva, por ser puro e luminoso, possui o dom de dar alegria e beatitude à alma livre de pecado e fascinada pela verdade.

7 — Rajas, porém, a paixão que cria cobiça, empolga a alma pelo apego às obras.

8 — Tamas nasce da ignorância e é causa da auto-ilusão em todas as coisas — um nada que domina o mundo inteiro e liga a alma pela inércia da passividade.

9 — Destarte, Sattva produz felicidade; Rajas gera atividade e desejo de conhecer; e Tamas resiste à luz da sapiência pelas trevas da insipiência.

10 — Às vezes, Sattva prevalece sobre Rajas e, Tamas; e às vezes, Tamas sobrepuja os dois, Sattva e Rajas.

11 — Quando perecem a luz do conhecimento e a força da cobiça, resta Tamas. Quando Tamas e Sattva se apagam, continua a arder Rajas.

---

[102] Neste capítulo passa Krishna a explicar a Arjuna os três elementos ou fatores que presidem a toda a evolução cósmica: a luz da razão espiritual (sattva), a força mental da inteligência (rajas) e a inércia passiva da matéria (tamas), ou seja: o espírito pleniconsciente, o intelecto semiconsciente e a matéria inconsciente. Luz, calor, matéria. Compreender, querer, ignorar.

[103] O espírito infinito é Deus; esse espírito divino em forma finita é a alma humana ("não sabeis que o espírito santo habita em vós?"); a encarnação do espírito de Deus no homem é um processo de involução; a sua progressiva libertação do mundo dos finitos é a evolução ou auto-realização, pela qual adquire a alma a sua perfeição individual, cujo ponto culminante é a imortalidade, o regresso livre e espontâneo do espírito divino individual ao Espírito Universal. Caso a alma não se imortalize ("renascimento pelo espírito"), perde a sua individualidade e volta ao Espírito Universal, deixando de existir como indivíduo ("morte eterna").

12 — Mas, quando a luz divina penetra todas as faculdades do teu ser, ó Arjuna, então sabe que Sattva atingiu em ti maturidade.

13 — Quando desejos, cobiça, ganância, ambição e dinamismo externo perturbam o sossego de tua alma, então sabe que Rajas te governa.

14 — Quando estupidez, inércia e arrogante ignorância, erro, incerteza e superstição se apoderarem de ti, então Tamas te avassalou.

15 — Quando a alma governada por Sattva deixa este mundo, ingressa na mansão divina da luz, onde habitam aqueles que amaram o bem e o atingiram.

16 — Mas quando o corpo morre enquanto Rajas exerce o seu poder, vai o homem ao reino ígneo dos desejos, lá onde vivem os seres ainda vinculados à terra.

17 — E quando o homem morre ainda envolto nas trevas de Tamas, cego para a luz, é ele privado da natureza humana e desce à zona dos seres inferiores.

18 — O que procede de Sattva é luz e pureza; de Rajas nascem torturas; e Tamas gera ignorância. Sabedoria é filha de Sattva; cobiça é produto de Rajas; ilusão e ignorância vêm de Tamas.

19 — Os que vivem à luz de Sattva pairam nas alturas da consciência do Eu divino; os que vivem dominados por Rajas guiam-se pela consciência do ego mental; e os que vivem em Tamas só conhecem a vida corporal.

20 — Quando o homem de visão espiritual compreende como nele se revelam essas forças da Natureza, e sabe o que existe para além delas, então entra ele na minha liberdade.

21 — Então deixa ele de ser autor das obras que realiza no plano da Natureza; liberto de nascimento e morte, de pecado, sofrimento e velhice, bebe as águas vivas da imortalidade.

Fala Arjuna:

22 — Como se conhece, Senhor, o homem que tal vitória alcançou? Como vive aquele que, pelo poder do espírito, superou as três forças da Natureza?

Fala Krishna:

23 — Ó príncipe! Quando o homem que habita na paz e no esplendor da luz é capaz de tolerar o fogo dos desejos e as trevas da ignorância, sem ser por eles dominado nem por eles irritado.

24 — Quando os pode contemplar como se não fossem dele, mas um simples jogo da Natureza, dizendo consigo mesmo: "Eles seguem as suas leis".

25 — Quando o prazer e a dor lhe valerem o mesmo e equivalentes lhe forem uma pedra e um bloco de ouro, e se mantiver equânime em face de amigo e inimigo, sempre sereno e calmo, sobranceiro a louvores e vitupérios.

26 — Nada desejando e nada receando, por ter conhecido a lei que está acima de tudo — então é ele chamado um vencedor da Natureza.

27 — Quem assim me cultua, com fé e devotamento, acima de tudo, esse será liberto das forças da Natureza e se torna apto para unir-se a Brahman.

28 — Porquanto, eu sou o habitáculo de Brahman, a pátria da imortalidade, o espírito, a sapiência, a lei, e de todos os seres a eterna beatitude.

CAPÍTULO 15

A experiência do espírito supremo

Este capítulo repete, em nova forma, a verdade fundamental de que a única força libertadora do homem é a verdade devidamente conscientizada, isto é, a visão clara da realidade sobre si mesmo, o autoconhecimento.

A pergunta multimilenar da filosofia hindu "quem sou Eu?"; o imperativo categórico gnothi seauton *(conhece-te a ti mesmo), inscrito no templo de iniciação de Delfos; o convite do Cristo "conhecereis a verdade, e a verdade vos libertará" — tudo isso sintetiza a verdadeira filosofia da auto-realização. Todas as misérias do homem vêm da falta de autoconhecimento, da ilusão sobre a sua verdadeira natureza — e toda a felicidade do homem vem da visão intuitiva sobre si mesmo.*

Os sentidos são como que invólucros opacos; o intelecto é um invólucro ligeiramente translúcido — mas somente a razão espiritual é um cristal transparente, que permite a passagem da luz do espírito e sua manifestação benéfica na vida do homem. Quando a luz incolor passa por um prisma triangular, faz aparecer do outro lado as sete cores do arco-íris — quando a luz incolor do espírito atravessa o prisma do tríplice ego humano, então a incoloridade essencial aparece na multicoloridade existencial; e, quando o homem sabe que todas as cores da sua existencialidade têm origem no incolor da eterna essência, então a sua vida humana se transfigura maravilhosamente.

O homem integral, auto-realizado, não se conforma pas-

sivamente com as misérias da vida terrestre, nem tenta escapar delas para um céu póstumo — mas transforma e transfigura pelo poder do espírito todas as trevas da matéria e todas as penumbras da mente, iluminando-as e lucificando-as com a pleniluz do espírito.

O problema essencial é intensificar a tal ponto a luz e o poder da consciência que ela seja capaz de transfigurar totalmente a natureza do homem, aqui e agora, para sempre e por toda parte.

Fala Krishna:

1 — Ashvattha, a eterna árvore simbólica, tem suas raízes, a fonte primeva, firmadas nas alturas, no Ser Supremo, e seus ramos se desdobram para baixo, pelo mundo criado, em incessante mutação — quem isto compreende conhece o Universo[104].

2 — As ramificações da árvore descem para as baixadas do mundo sensorial e sobem para as alturas do mundo supersensorial; o seu alimento são as gunas[105]. Os objetos do mundo sensorial são como que seus brotos. As raízes nascem sempre de novo dos atos que o homem pratica no mundo objetivo e o prendem a este plano.

3 — Neste mundo de sansara em contínuo vaivém, desconhece o homem a origem e o fim da árvore da vida; mas aquele que, pelo gládio da renúncia, corta as raízes do apego em seu coração;

4 — Esse ingressa no Altíssimo, naquela morada da qual nunca mais regressa para a vida mortal, porque entrou na posse da Verdade, de cujo seio irradia toda essa manifestação cósmica[106].

---

[104] Ashvattha é a força criadora do cosmos, que radica na Essência da Infinita Realidade, e se expande por todas as Existências dos mundos finitos; é, no dizer de Spinoza, a *natura naturans*, a alma do Universo, ao passo que a *natura naturata* é, por assim dizer, o corpo da invisível Divindade, o Adi-Atman mencionado no cap. 11.

[105] Gunas são os três atributos da Natureza, explicados no cap. 14.

[106] Todas as grandes filosofias e religiões sabem que o Universo finito é uma emanação da Divindade infinita, um produto do Todo Essencial, que é idêntico ao Nada Existencial. Entretanto, convém evitar as expressões *parcela, centelha* da Divindade, que insinuam o erro dualista de que o Universo criado seja algo separado do Deus Criador. O Universo não é

5 — O homem liberto de vaidade, egoísmo e apego ao mal e que, de todo o coração, devota-se à realização do Eu divino, superando os pares de opostos, como prazer e dor — esse é um sábio e ingressa na Suprema Realidade.

6 — Os que atingiram esse estado são iluminados por um outro Sol, por outra Lua e por outra luz, que os liberta do erro e do pecado.

7 — Quando um raio do meu Espírito se reveste de forma no mundo dos finitos, então se condensa ele em sentimento ou pensamento.

8 — E assim a alma se une à carne; e, quando abandona o corpo carnal, volta a mim com os perfumes que colheu no mundo terrestre, assim como o vento leva consigo a fragrância das flores por onde passou.

9 — Vinculada pela visão e audição, pelo olfato, gosto e tato, e ainda pelo intelecto, colhe a alma experiências no mundo das percepções objetivas e, por vezes, a ele sucumbe.

10 — Os profanos não reconhecem o Espírito em seu coração.

11 — Ao passo que os impuros de coração, os não-iluminados, não o percebem, mesmo quando o procuram.

12 — A luz solar que ilumina o mundo, a luz da Lua e a do fogo sabem que provêm da minha luz.

13 — Penetrando a terra com a minha energia vital, vitalizo todos os seres, fazendo circular as seivas através de raízes, tronco, ramos e flores.

14 — Como calor vital, revelo-me nos seres que respiram; dupla

---

separado nem *idêntico* a Deus, como opinam o dualismo ocidental e o panteísmo oriental, mas está em Deus, porém *distinto* dele, porque Deus é ao mesmo tempo *transcendente* a tudo e *imanente* em tudo.

é a minha respiração: o prana que entra, e o apana que sai[107] — e assim assimila as quatro classes de elementos.

15 — Bipolar é tudo quanto existe no mundo: o Uno, que é indiviso, e o Múltiplo, que é divisível; o que vive no mundo é divisível, indivisa é a força vital[108].

16 — Mas acima de tudo está o Espírito, cuja força pervade o mundo inteiro, mundo que ele enche e sustenta, ele, o Eterno, o Imortal.

17 — Eu sou para além dos mortais e dos imortalizados, eu, a suprema Divindade, a Essência dos três mundos.

18 — Quem assim me conhece, liberto de ilusões em seu coração, e a mim se consagra sem reserva, esse vem ter comigo.

19 — É esse o sacro mistério que te revelo, a ti que és sem pecado; quem o compreende supera este mundo e entra na liberdade.

---

[107] Sobre esse processo de inalação e exalação se baseia uma das mais eficientes práticas de meditação e contemplação esotérica; a prolação do sacro trigrama AUM deve ser acompanhada pela visualização da vida-luz que entra e da morte-treva que sai do homem; a primeira (*prana*) é vermelha como o oxigênio vitalizante, a segunda (*apana*) é azul como o carbono mortífero.

[108] Cerca de 400 anos antes da era cristã elaborou o filósofo e matemático grego Demócrito de Abdera a sua célebre "teoria atômica", mencionada respeitosamente por cientistas modernos, como Albert Einstein e Fritz Karhn. Para Demócrito, a Suprema Realidade (Deus) é o *a-tomo*, palavra grega para "indiviso" ou "indivisível". Compreendeu o exímio pensador que tudo que é divisível é quantidade dimensional, a qual, por sua própria natureza, representa um derivado, causado, efeito, mas que a qualidade indimensional (Realidade) deve ser necessariamente indivisível (átomo), ou seja, pura energia, o *actus purus* de Aristóteles, a Causa não-causada, a Infinita Realidade em si mesma, além de tempo, espaço e causalidade passiva. O nosso "átomo" de hoje não é o de Demócrito, porque não é "atômico", indivisível. O verdadeiro "Átomo" é o Infinito, o Absoluto, o Universal, o Uno, a Causa-Prima.

CAPÍTULO 16

O destino dos insensatos

O presente capítulo é um surpreendente paralelo ao início do Livro da Sabedoria *de Salomão, que faz parte da Bíblia do Antigo Testamento:*

"Dizem consigo os que pensam erradamente: breve e cheia de tédio é a nossa vida, nem há refrigério quando o homem morre; nem consta que alguém tenha regressado do Além; do nada nascemos, e depois disso será como se nunca tivéssemos existido; pois a nossa vida é como a fumaça e como o sopro das nossas narinas; o pensamento não passa de uma centelha nascida do movimento do nosso coração; quando se apaga reduz-se a cinza o nosso corpo, e o nosso espírito se desvanece como ar sutil; passa fugaz a nossa vida, como o rasto de uma nuvem, e se dissolve em vã neblina, que os raios solares dissipam e fazem cair com o seu calor. O nosso amor será olvidado através dos tempos e ninguém se lembrará das nossas obras; uma sombra apenas é a nossa existência e não há repetição, depois de terminada, porque está sob sigilo, e ninguém regressará.

Vamos pois e gozemos das coisas boas, enquanto existem! Aproveitemo-nos do mundo sem tardança, enquanto somos jovens! Folguemos no meio de preciosos vinhos e ungüentos, e não deixemos de colher uma só das flores da primavera! Coroemo-nos de rosas antes que murchem! Não haja prado algum em que não campeie a nossa luxúria! Pois é esse o nosso quinhão e o destino da nossa vida!"

Ninguém consegue libertar-se desta tirania da matéria e da mente se não tiver a visão nítida do espírito.

Sattva é o único poder de dominar rajas e tamas.

Fala Krishna:

1 — Destemor e pureza de coração, vontade firme no caminho da disciplina espiritual, amor para com todos os seres vivos, controle dos sentidos, espírito de sacrifício, estudo dos livros sacros que falam de auto-iluminação, amor à solidão, autodomínio;

2 — Não-violência, veracidade, renúncia, espírito de perdão, serenidade, liberalidade, compaixão, paciência, modéstia, constância;

3 — Alegria espiritual, mansidão, suavidade, castidade, fortaleza, compreensão, humildade e paz de espírito — são essas as qualidades que caracterizam o homem que aspira a um nascimento divino;

4 — Ostentação, arrogância, convencimento, ira, brutalidade, pseudoconhecimento, vaidade e hipocrisia — são estes os sinais dos que falham o nascimento divino e que seguem o destino dos Asuras[109].

5 — Os atributos divinos conduzem à libertação pelo autoconhecimento — os atributos não-divinos forjam a cadeia para a escravidão da ignorância. Entretanto, não te entristeças, ó príncipe! Tu tens um caminho aberto para o mais alto.

6 — Habitam em cada homem duas naturezas: a divina e a não-divina. De uma te falei — escuta agora algo sobre a outra.

7 — Os seres que se parecem com os Asuras ignoram a sua origem e o seu fim; vivem como sonâmbulos; não há neles nem inteligência nem retidão.

8 — Dizem eles: "Não há neste mundo lei alguma, nem ordem,

---

[109] Asuras (o oposto de *suras*) são todos os seres não-divinos, isto é, os que são destituídos de consciência e livre-arbítrio. Os *Asuras* do mundo infra-humano não são culpados por não possuírem esses atributos; mas o homem, dotado de consciência e livre-arbítrio, quando se porta como um *Asura*, é culpado.

nem verdade, nem senhor; o mundo se originou por um cego acaso; o fim da nossa existência é o prazer dos sentidos".

9 — Enredados nessa ilusão, passam eles a sua vida; pois impuro é o seu coração e obscurecida a sua mente. São a desgraça do mundo, pois impedem a paz e o progresso e promovem a ruína.

10 — Escravos de desejos insaciáveis, cheios de vaidade, hipocrisia e arrogância, cegados pelas aparências, amam a ilusão e vivem o avesso da verdade.

11 — Chamam verdade à mentira e gostam das ilusões que levam à morte; ignoram a realidade e sacrificam sobre o altar dos ídolos ao próprio ego nascido de miragens.

12 — Algemados por toda a espécie de esperanças, luxúrias e violências, visam a um só escopo: acumular riquezas para satisfazer seus desejos sensuais.

13 — Falam assim: "Foi isto que consegui hoje, e aquilo que conseguirei amanhã. Conquistei esta fortuna agora, e espero conquistar outra no futuro.

14 — Derrotei este inimigo, e hei de aniquilar outros. Eu sou o senhor do mundo, poderoso e feliz! A minha vontade é lei — tudo deve servir aos meus prazeres!

15 — Eu sou rico, sou de alta linhagem — quem pode medir-se comigo com elegância e bem-estar? A minha vida é uma delícia!"... Assim falam esses insensatos.

16 — Empolgados pela tempestade das suas paixões, enredados no círculo vicioso das suas miragens falazes, vão eles descendo rumo ao repelente abismo do inferno.

17 — Orgulhosos, convencidos e inebriados de possessões, praticam obras boas só por ostentação e hipocrisia; os seus sacrifícios são formalidades inúteis e sem valor.

18 — Obsedados de egoísmo, vaidade, orgulho e insolência, odeiam-me esses blasfemos, a mim, o espírito divino imanente neles mesmos e nos corpos dos outros.

19 — Esses malfeitores, escória da humanidade, esses infelizes e perdidos, mando-os, repetidas vezes durante o ciclo dos seus nascimentos, para os corpos de seres inferiores.

20 — E assim, migrando pelas entranhas de seres inferiores, descem eles ao plano ínfimo — até que, finalmente, voltem-se a mim.

21 — Tríplice é o portal que leva aos ínferos: luxúria, ira e cobiça. Evita-os! Quem os evita encontra o caminho reto da paz.

22 — Ó príncipe! Aquele que se libertou desses três portais das trevas pratica o que conduz à meta suprema.

23 — Quem despreza as leis éticas e espirituais das escrituras sagradas e segue os impulsos sensuais, jamais atingirá a perfeição nem a felicidade da meta suprema.

24 — Por isso, guia-te pelos livros sacros, para saber o que deves fazer ou deixar de fazer. Guiado por esse espírito, realiza o que tens de realizar no mundo!

CAPÍTULO 17

Os três motivos de agir

Neste capítulo repete e reforça Krishna a idéia central de que tudo o que o homem faz ou diz não tem valor intrínseco em si mesmo, mas recebe o seu valor, ou desvalor, daquilo que ele é conscientemente. Esse ser-consciente é algo parecido com o "1" da matemática, que dá valor aos zeros colocados à sua direita: 1.000.000; mas esses zeros, quando isolados, 000000, não representam valor algum.

Atos e fatos não têm valor intrínseco; são puros zeros; mas podem ser valorizados pela atitude ou realidade de que dimanam. Nenhum agir tem autovalor, mas pode ser valorizado pelo Ser do qual brotou e por amor ao qual alguém age. Agir ou não-agir não resolvem nada; o que resolve é um agir praticado em nome do Ser intensamente conscientizado e por amor a ele.

Fala Arjuna:

1 — Qual o estado daqueles homens, Senhor, que fiéis à consciência praticam o bem, mas não seguem os rituais prescritos? Dize-me se eles obedecem a Sattva, Rajas ou Tamas[110].

---

[110] Neste e no seguinte capítulo traduzimos indistintamente os termos sânscritos *Sattva* por sabedoria ou razão; *Rajas* por cobiça ou inteligência; e *Tamas* por ignorância ou sentidos. O sentido do texto não se altera com essas variantes, que quebram um tanto a monotonia das repetições do texto original.

Fala Krishna:

2 — Tríplice é o motivo de agir do homem, conforme a índole da sua origem: a atitude da *verdade*, a atitude do *desejo* e a atitude obscura da *ignorância*.

3 — Da íntima natureza de cada homem é que nasce o seu motivo de agir; o homem é aquilo que ele ama; o que o homem é, é isso que ele crê, e com isso se identifica.

4 — Os homens guiados pela razão invocam os deuses; os homens que obedecem à inteligência invocam Rakdhas e Yakshas[111], e os homens que se guiam pelos sentidos invocam Pretas e Bhutas[112].

5 — O homem que segue seu próprio ego pratica mortificações não prescritas por lei, oriundas de autodecepção, e ilude a si mesmo.

6 — Quem castiga os elementos corpóreos que se acham no homem, castiga a mim que habito em todas as coisas; este cultua o mal, e não a mim.

7 — Do mesmo modo como é tríplice em seus efeitos todo alimento, assim é tríplice também o caráter de toda disciplina, sacrifício e esmola. Escuta essas diferenças.

8 — Alimento que aumenta a vitalidade, que dá bem-estar, força e quietação, alimento maduro, saboroso e assimilável — este é preferido pelos homens que obedecem à sabedoria da razão.

9 — Alimento forte, ardido, picante, salgado ou ácido, que põe fogo no sangue e causa doenças — esse é preferido pelos homens que obedecem à ciência do intelecto.

10 — Manjares passados, insípidos e pútridos, corruptos, imundos e refugados pelos seres superiores — esses são procurados pelos homens que obedecem à ignorância dos sentidos.

---

[111] Entidades do mundo dos mentais ou lucíferos.

[112] Entidades do mundo dos elementais ou demônios.

11 — Obra praticada sem interesse nem desejo de prêmio ou louvor, mas pelo senso do dever que a lei exige — esta é filha da sabedoria.

12 — Obra praticada com desejo de recompensa, na esperança de receber em troca algo melhor, por vaidade, ganância ou ostentação — esta reveste a índole da cobiça.

13 — Quem pratica obra contra a lei e a razão, por ignorância ou sem o conhecimento da verdade — este age impelido pela estupidez dos sentidos.

14 — A verdadeira mortificação consiste em cultuar a Divindade com retitude, honrar os iluminados e ser tolerante, benévolo e amável para com todos.

15 — Quem profere verdades que não ferem os outros; quem é amável e bondoso; quem alimenta sua alma com santas orações — este pratica mortificação por palavras.

16 — Pureza de coração, serenidade, o culto do silêncio; incessante desejo de disciplina, mente piedosa e firmeza de vontade — é esta a mortificação interior aconselhada pelo espírito.

17 — É esse o tríplice modo de agir da verdadeira disciplina; e, quando inspirada pela luz da fé, sem intuito de lucro — então é atitude de sabedoria racional.

18 — Quem, todavia, pratica essas disciplinas com intenção de lucro ou elogio, esse é hipócrita; vã é a sua obra, porque nasceu da atitude de cobiça mortal.

19 — A disciplina, mesmo que não vise a fim algum, mas praticada por simples crendice, mesmo com mortificações, esta é prejudicial, porque oriunda da ignorância dos sentidos.

20 — Quem dá esmola em tempo e lugar corretos, de espírito alegre e por compaixão, inspirado no senso do dever, sem nada esperar em retribuição — este também é guiado pela sapiência da razão.

21 — Quem oferece uma dádiva porque espera lucro ou vantagem, ou quem dá de má vontade e a contragosto — este é vítima da insipiência do intelecto.

22 — Quem dá esmola com modos desabridos ou com menosprezo, em tempo e lugar incorretos, ou a pessoas que dela abusarão — este é dominado pela ignorância dos sentidos.

CAPÍTULO 18

Yôga da libertação total

Neste último capítulo do Bhagavad Gita, *denominado em sânscrito* moksha-yôga, *sintetiza Krishna o que, em capítulos anteriores, dissera a Arjuna, frisando que a santidade do homem não consiste em objetos ou atos externos — seja no agir ou seja no deixar de agir —, mas consiste numa atitude interna do homem harmonizado com a Lei do Infinito. Nessa altura se funde a mística do Oriente com as luzes da filosofia dos estóicos da Antiguidade e com a sabedoria do Evangelho do Cristo, segundo as quais todo o bem e todo o mal consistem na atitude interna do sujeito e não em atos ou objetos externos. Nem o conhecer nem o conhecido decidem sobre o valor ou desvalor, mas tão-somente o conhecedor (ou cognoscente), conforme as palavras do profeta: "Assim como o homem pensa no seu coração, assim ele é". Essas palavras são confirmadas pelo Cristo: "Foi dito aos antigos: não matarás... não cometerás adultério... Eu, porém, vos digo que todo o homem que tiver ódio de seu irmão... que lançar olhar cobiçoso a uma mulher... já cometeu homicídio... já cometeu adultério"...*

Como no capítulo anterior, continuamos a substituir os termos sânscritos sattva, rajas e tamas pelos seus equivalentes: sabedoria ou verdade, radicada na razão: cobiça, oriunda da inteligência; e ignorância, proveniente dos sentidos.

Fala Arjuna:

1 — Explica-me, ó Senhor dos céus, a quem saúdam todos os corações, qual a natureza da abstenção (sannyasa) e da renúncia (tyaga).

Fala Krishna:

2 — Dizem os sábios que a abstenção consiste em deixar de fazer uma coisa inspirada pelo desejo pessoal, ao passo que a renúncia é o desapego de qualquer recompensa.

3 — Há pensadores que recomendam ao homem que desista de qualquer atividade, uma vez que toda a atividade externa macula a consciência interna, devendo por isso ser evitada; outros dizem que atos de culto, caridade e outras obras boas não devem ser evitados.

4 — Ouve, pois, nobre príncipe, o que te vou explicar: tríplice é o modo como a renúncia se manifesta, quer no agir, quer no desistir.

5 — Obras de culto, de caridade e autodomínio não devem ser abandonadas, porque são meios para o homem se purificar.

6 — Mas também essas obras devem ser realizadas sem nenhum interesse pessoal e sem nenhum desejo de resultados[113] — é esta a minha lei suprema e imutável.

---

[113] Quando os nossos teólogos ensinam seus fiéis a praticarem boas obras "para merecerem o céu", entendem eles um céu externo, fora do homem, e isso é erro, que fomenta o espírito mercenário; é um egoísmo póstumo, transferido da vida do aquém para a vida do além. O Evangelho do Cristo ensina que "o reino dos céus está dentro de vós" e, por isso, "quando houverdes feito tudo o que fazer devíeis, dizei: somos servos inúteis; cumprimos a nossa obrigação, nenhuma recompensa merecemos por isso". Os verdadeiros místicos do Cristianismo compreenderam essa verdade, procurando ser incondicionalmente bons, independentemente da idéia de um céu ou um inferno fora deles. O verdadeiro céu é o próprio fato de ser bom, como o verdadeiro inferno é o fato de ser mau. Céu e inferno não são lugares extra-humanos, mas estados de consciência infra-humanos.

7 — É erro omitir uma obra que deva ser realizada; quem assim procede é inspirado pela ignorância, que nasce de elementos sensoriais.

8 — Quem deixa de fazer o que deve ser feito porque lhe é penoso e ingrato, esse procede egoisticamente; o que o impele a essa desistência é aberração mental.

9 — Mas quem realiza o que deve ser realizado, sem se preocupar com a vantagem ou desvantagem que daí lhe advenham, esse age no espírito da sabedoria espiritual.

10 — Quem não sente repugnância em realizar uma obra que nenhuma vantagem lhe dá, nem tem desejo de fazer algo que lhe dê vantagem, esse pratica renúncia e age corretamente.

11 — Homem algum pode desistir totalmente de qualquer atividade, enquanto vive em corpo mortal; mas quem de todo o coração abre mão dos frutos do seu trabalho, esse renuncia e age corretamente.

12 — De três categorias são os frutos na vida futura: os bons, os maus e os mistos — mas onde não se realiza obra alguma não há fruto.

13 — "De cinco coisas necessita cada obra", diz a filosofia Vedanta:

14 — A força para agir, o agente, o instrumento, a ação, e o resíduo de atos anteriores (karma).

15 — Em qualquer ato que o homem pratique, com os sentidos corpóreos, com a língua ou com a mente, a causa eficiente provém desses cinco elementos.

16 — Em face dessa verdade, o homem de mente não iluminada, que considera o seu ego o agente absoluto dos seus atos, labora em erro e não enxerga nada.

17 — Quem, todavia, libertou-se totalmente da falsa noção de que o seu ego seja o verdadeiro Eu realizador, quem possui pureza de coração e nítida discriminação, esse não mata, embora exterminasse exércitos, nem é responsável pelas conseqüências dos seus atos[114].

18 — O conhecimento, o cognoscível e o cognoscente, esses três conjuntamente inspiram a vontade para agir. Os sentidos, a obra escolhida e o agente, esses três em conjunto formam a base harmoniosa para a execução da obra.

19 — O conhecimento, o agente e a ação, diz a filosofia Vedanta, diferem nos seus próprios atributos. Escuta agora quais são esses atributos:

20 — A verdadeira sabedoria, que vem da razão espiritual, está em reconhecer que há uma só Vida que vivifica todas as coisas; ela é o Uno, o Indivisível, que se revela em todos os Divisíveis.

21 — Quem conhece esse Uno conhece nele tudo o que existe; quem conhece muitas coisas, mas desconhece o Uno, esse, na realidade, não conhece nada — e o seu saber é simples produto mental.

22 — Falso é o conhecimento do homem que, com toda a sua alma, apega-se a uma coisa, como se ela fosse o Todo; envolto nas trevas dos sentidos, ignora ele o próprio fundamento da existência.

23 — Agir corretamente é trabalhar em harmonia com a Lei, sem apego, desinteressadamente, livre de ódio e paixão — e esse agir, nascido da Verdade, liberta o homem.

24 — Filho do desejo é o ato que visa a satisfazer algum interesse pessoal, e esse agir, nascido da ilusão, escraviza o homem.

---

[114] Tornamos a prevenir o leitor de que palavras como essas, quando analisadas apenas mentalmente, e não intuídas espiritualmente, representam um perigo individual e social. É o caso de repetir a advertência de Paulo de Tarso: "O homem mental não compreende as coisas espirituais, nem as pode compreender, porque lhe parecem estultícia; pois elas devem ser compreendidas espiritualmente. O homem espiritual compreende todas as coisas".

25 — Obra nascida de ignorância e insensatez, sem respeito às conseqüências, boas ou más — é filha da obtusidade dos sentidos.

26 — Quem realiza uma obra à luz do conhecimento e isento de cobiça, e sem visar à recompensa, esse age em nome da sabedoria.

27 — Quem trabalha para gozar os frutos do seu trabalho, oscilando entre alegria e tristeza, age em nome do egoísmo escravizante.

28 — Quem age indeciso, sem rumo certo, sem jeito nem critério, procurando iludir os outros — esse age sob o signo do desmazelo.

29 — Passarei a revelar-te agora o modo como discernir os atributos da alma oriundos da Razão (sattva), da Inteligência (rajas) e dos Sentidos (tamas).

30 — Iluminada pela luz da sabedoria é a alma quando conhece atividade e repouso, quando sabe discernir temor e destemor, o que escraviza e o que liberta a alma.

31 — Mas quem apenas vislumbra, sem nitidez, a diferença entre o que é justo e injusto, ou quem enxerga a verdade mas não a abraça, esse foi colhido pelas chamas da paixão mental.

32 — E quando a mente está envolta em noite, aceitando mentira por verdade, e enxergando todas as coisas assim como ela mesma é, então é ela obcecada pela ignorância dos sentidos.

33 — Realmente perseverante é o homem quando domina os impulsos do coração, a força vital e os sentidos — e isso provém do conhecimento da Verdade.

34 — Escravo de teimosia mental é aquele que se apega tenazmente a coisas que deseja e cujos frutos pode gozar.

35 — Escravo de inércia sensorial é aquele que vive agitado pelo temor e pela preguiça, entre dúvidas e angústias e atitudes negativas — esse é vítima dos sentidos corpóreos.

36 — Agora escuta, Arjuna, o que te vou dizer sobre a tríplice felicidade, que se alcança pelo autodomínio, que se goza no Eu interior e que põe termo aos sofrimentos.

37 — O que, no princípio, tem gosto de veneno, mas no fim é saboroso como néctar — essa é a felicidade que nasce do conhecimento de si mesmo e gera beatitude espiritual.

38 — Mas aquilo que, no princípio, sabe a néctar, e depois atua como veneno — por ser ilusão dos sentidos — isso é produto do orgulho mental.

39 — Pernicioso e mau, tanto no princípio quanto no fim, é o prazer que nasce da preguiça, da auto-indulgência e da estupidez — e é o que se chama satisfação sensual.

40 — Nada existe, ó nobre príncipe, na terra nem no céu dos deuses que não resista aos atributos (gunas) nascidos da Natureza criadora.

41 — Os deveres dos brâhmanes (brahmanas), dos guerreiros (kashatriyas), dos agricultores (vaishyas) e dos servos (suras)[115] são determinados pelos atributos da Natureza, que é própria a cada um dos seres. Quem é um brâhmane de verdade possui alma serena e autodomínio, é puro de coração, paciente e sábio, e firmemente consolidado na experiência da Verdade.

43 — Intrepidez, fidelidade, inteligência, firmeza, coragem, força e nobreza: são essas as características do guerreiro, nascidas de sua natureza peculiar.

44 — As atividades do agricultor e do negociante nascem da sua própria profissão; aquele amanha a terra, e este negocia com mercadorias. O servo, destinado a proporcionar conforto material, age também segundo a sua própria natureza.

---

[115] As classes ou castas principais da Índia, cuja origem e destino não são considerados resultado de simpatia ou antipatia sociais, mas determinação metafísica da Lei Cósmica. Daí a serenidade com que cada classe cumpre os deveres próprios da sua categoria.

45 — Quem cumpre o seu dever peculiar de acordo com a sua íntima natureza, esse atinge a mais alta perfeição. Ouve agora, ó príncipe, como o homem que cumpre o seu dever atinge suprema perfeição.

46 — Atinge o cume da perfeição o homem que cultua Aquele pelo qual todas as coisas entraram na existência e cuja presença permeia todo o Universo — e esse culto se revela no cumprimento do dever de cada um.

47 — Melhor é cumprir o seu próprio dever, embora imperfeitamente e de boa fé, do que cumprir bem o dever alheio; quem cumpre devotadamente o seu dever é livre de pecado.

48 — Deve todo homem obedecer à sua consciência, ainda que imperfeita seja a sua obra; pois, assim como do fogo se desprende a fumaça, assim tudo quanto o homem faz é contaminado de culpa.

49 — Só alcança perfeita liberdade e transcendente serenidade aquele que, sem interêsse e no espírito de renúncia, executa o seu trabalho e não deseja recompensa alguma.

50 — Ouve agora, ó filho da terra, como o sábio que encontrou paz verdadeira alcança perfeição em Brahman, o Ser Supremo, e entra na beatitude da existência pela compreensão.

51 — O homem que realizou a sua purificação mental é inteiramente devotado a mim, firmemente consolidado na Verdade, senhor de si mesmo, livre de apego e de aversão.

52 — Quem vive num ambiente de pureza e harmonia, comendo moderadamente, controlando o corpo, a língua e a mente, e com a consciência focalizada no verdadeiro Eu, mediante a contemplação espiritual — esse está firmemente estabelecido na serenidade da renúncia.

53 — Isento de egoísmo, violência, ganância e cobiça, desapegado do "eu" e do "meu", sereno e calmo dentro de si mesmo — esse homem se torna um com Brahman.

54 — E integrado no espírito de Brahman, alcança o seu Eu divino o eterno descanso; já não chora por nada, não tem desejo de nada, não luta por nada, não tem cobiça de coisa alguma.

55 — Porque dentro de si mesmo possui tudo. Quando o homem se integra em mim é um comigo; dele é minha Grandeza, meu Poder, meu Ser, minha Vida, minha Sabedoria, minha Beatitude.

56 — E ainda que esse homem peregrine na terra, em corpo terrestre, persevera firme na minha graça, e por meu poder encontra a sua meta.

57 — O que quer que fizeres, faze-o no espírito da renúncia, tendo em mente a mim, o Senhor do mundo. Deixa a mim o cuidado pelo sucesso; pensa em mim e oferece-me o teu coração e a tua alma.

58 — Confia em mim e vive na fé em mim. Pelo poder da minha graça alcançarás vitória sobre todos os obstáculos; mas se confiares somente em tua força pessoal, e não em mim, serás derrotado.

59 — Se, auto-iludido, disseres "não lutarei", iludes a ti mesmo; e a própria Natureza, em virtude dos seus atributos, te obrigará a lutar.

60 — O que procuras evitar, iludido pelas aparências, a isso mesmo serás compelido finalmente, contra a tua vontade, mercê das forças que vivem no íntimo do teu ser.

61 — No interior de cada criatura habita o Mestre, e através de Maya, sua manifestação cósmica, impele todos os seres a gravitarem em torno dele, assim como as periferias da roda giram em torno do seu eixo central.

62 — Refugia-te a ele, invoca o seu auxílio, a ele te entrega com toda a alma — e por sua graça alcançarás a paz, a suprema beatitude da tua vida.

63 — Destarte, acabo de explanar-te o mais profundo dos

mistérios. Medita intensamente no que ouviste e faze a tua escolha.

64 — E agora escuta a mais sagrada das minhas revelações: amo-te, e por isto te revelo o que é pelo teu bem.

65 — Deixa-me governar o teu coração; entrega-te todo a mim com fé inabalável, e sê totalmente meu. É o que te prometo, porque me és caríssimo.

66 — Abre mão de todos os desejos, ritos e usanças tradicionais; recorre a mim, o teu único refúgio, e eu te redimirei de todos os males; evita todo o temor.

67 — Não reveles jamais esta doutrina a quem não possua autodomínio e devotamento total, nem àqueles que não a queiram abraçar praticamente; nem a reveles aos vaidosos que não crêem em mim.

68 — Todo homem que, com reverência, ensinar esse mistério sublime aos meus devotados servidores, esse vem ter comigo.

69 — Serviço melhor do que esse ninguém me pode prestar, nem ninguém me é mais caro do que esse homem.

70 — E também aquele que lê e medita com devoção este sagrado colóquio e se aproveita, esse me oferece grato sacrifício de sabedoria — na verdade, assim é!

71 — Aquele que põe a sua confiança nesta doutrina e a aceita com fé, aquele que possui a sabedoria de lhe penetrar o sentido profundo e por ela orientar a sua vida — esse, após a morte, entrará na paz da mais alta beatitude.

72 — Ouviste e compreendeste tudo isto, ó nobre príncipe? Libertaste de cuidados vãos o teu coração? Dissipou-se a treva que te envolvia a alma?

Fala Arjuna:

73 — Tudo compreendi, Senhor dos céus! Desertou de mim a tristeza; tua graça iluminou o meu coração e transfigurou a minha alma. Dissiparam-se as dúvidas; resplandece clara a verdade — e farei o que o teu verbo me mandou.

Fala Sanjaya:

74 — É esse o maravilhoso diálogo entre o Senhor dos céus e o filho da terra, assim como o escutei. Sagrado assombro me fez estremecer o coração, quando o percebia.

75 — Pela graça de Deus, e não por força própria, percebi o sacro mistério, a doutrina de *yôga* revelada pelo Senhor de *yôga*. Assim me foi revelada.

76 — E todas as vezes que disso me recordo, enche-se-me de sagrado júbilo o coração; grande é a minha alegria, indizível é a beatitude que empolga a minha alma.

77 — O que senti não o posso descrever, quando contemplava o Senhor dos céus. Adorar e pasmar — é só o que o homem pode fazer quando se lhe revela a luz da Divindade.

78 — Onde quer que Krishna, o Senhor de *yôga*, governe, e onde Arjuna o serve, ali é segura a vitória. Bênção e felicidade o acompanham — é essa a força da liberdade. Deveras, é essa a verdade!

Textos complementares

Glossário

A

ACARYA — Mestre espiritual que ensina por seu próprio exemplo.

ADVAITA — Não-dualismo, ou monismo. Uma das três escolas de filosofia vedanta, fundada por Sankaracharya, sábio brahmin do século VIII ou IX de nossa era. O coração da sua doutrina está na afirmação *Tat Vam Asi*, ou seja, a identificação do homem com Deus.

AHIMSA — Da raiz *Han*: matar; *Himsa*: "intenção de matar"; *a-himsa*: não danar, entendendo-se como não provocar nenhum tipo de sofrimento a nenhuma criatura. É o primeiro mandamento do Yama, ou "disciplina geral", exigida daqueles que aspiram ao Samadhi, e consiste em renunciar à intenção de prejudicar alguém com pensamentos, palavras ou atos. Não-violência.

AKARMA — (Naiskarma) ação pela qual não se sofre nenhuma reação porque é executada em consciência de Krishna.

ANANDA — Bem-aventurança transcendental.

ARIANO — Aquele que conhece o valor da vida e tem uma civilização baseada na realização espiritual. Nobre, valente.

ASHRAM — Literalmente: ordem, hierarquia, retiro. Edifício sagrado, mosteiro ou eremitério para fins ascéticos.

ATMA — A mônada divina no homem. Segundo a filosofia vedanta, o Atma é individualmente idêntico a Deus.

AVATARA — (Lit., aquele que descende.) Uma encarnação da Divindade que descende do céu espiritual para o universo material com uma missão particular descrita nas escrituras.

AVIDYA — (*A* — não, *vidhya* — conhecimento.) Necessidade, ignorância.

AUM — A sílaba sagrada, mística; emblema da Divindade. O símbolo da eternidade. Com essa sílaba começam os Vedas, e com ela terminam, indicando que ela é o início e o fim deste universo. A pronúncia desta sílaba é Om, pois, no sânscrito, a vogal o forma-se pelo ditongo a + u. O mais sagrado dos mantras orientais.

B

BHAGAVAD — Variação de *bhagavant*, em sânscrito significa sublime. *Gita*, pronuncia-se guitá — canção. Note-se que, nas palavras sânscritas, g tem sempre o som gutural; h é aspirado; sh lê-se como o ch ou x chiante (em chá, xarope); â, i, u têm o som prolongado; y é um i brevíssimo; ch soa tch.

BHAGAVAN — (*Bhaga* — opulência, van — possuindo.) O possuidor de todas as opulências, que são geralmente seis — riqueza, força, fama, beleza, conhecimento e renúncia; um epíteto da Individualidade Suprema.

BHAKTI — Amor a Brahman; serviço purificado dos sentidos do Senhor através dos próprios sentidos da pessoa.

BHAKTI-YÔGA — O sistema do cultivo de *bhakti*, ou serviço devocional puro, que não é manchado pela gratificação dos sentidos ou especulação filosófica.

BHIMA — Um dos cinco irmãos Pandava.

BHISHMA — Um grande devoto e membro e mais velho da família da dinastia Kuru.

BRAHMA — O primeiro ser vivo criado. É o Deus-criador. A existência relativa.

BRAHAMACHARYA — O voto de estrita abstinência sexual.

BRAHMAN — O supremo e agnoscível princípio do universo, de cuja essência tudo emana e à qual tudo volta. A divindade Universal. A essência absoluta.

BRAHMA-SUTRA — Veja Vedanta-sutra.

BRAHMA VIDYA — A ciência a respeito de Brahma e sua verdadeira natureza. Literalmente: ciência ou sabedoria divina.

BUDDHA — Literalmente: "o iluminado"; o ser perfeito, absolutamente livre de toda atadura ou ilusão.

BUDHI — Da raiz verbal sânscrita *budh*: despertar, tirar do sonho, refletir, pensar. *Budhi* significa o conhecimento seguro sobre algo dado, conhecimento que não permite dúvida. Órgão que discrimina; inteligência intuitiva, razão.

C

CHAKRA — Roda, círculo, disco. Utiliza-se essa palavra para nomear os sete centros de energia, padmas, plexos ou lótus que existem no corpo humano. Estes chakras são, do inferior ao superior: *Muladhara*, chakra raiz ou básico, localizado na base da coluna vertebral, entre o nascimento dos órgãos genitais e o ânus; *Swadhistana*, chakra do baço; *Manipura*, chakra do umbigo; *Anahata*, chakra cardíaco, localizado no coração; *Vishuddha*, chakra laríngeo, está à frente da garganta; Ajna, chakra frontal, entre as sobrancelhas; Sahasrara, chakra coronária, no alto da cabeça.

CHITA — A mente material e, às vezes, memória. É o particípio do verbo *cint/cit*: pensar; assim sendo, indica tudo quanto foi experimentado ou agido pela mente.

D

DEVA — Um semideus ou pessoa divina.

DHARMA — Da raiz *Dhr*: levar, suster, portar. Significa: "o que sustém, mantém unido ou elevado". É a lei universal e também a lei particular, a justiça ideal, que faz com que as coisas sejam o que são, o que "devem ser". É também a capacidade de prestar serviço, que é a qualidade essencial do ser vivo.

DRUPADA — Um guerreiro dos Pandavas no Campo de Batalha de Kuruksetra. Sua filha Draupadi era a esposa dos Pandavas, e seu filho Dhrstadymna dispôs as falanges militares dos Pandavas.

DURYODHANA — O chefe dos filhos malvados de Dhrtarastra. Foi para estabelecê-lo como rei do mundo que os Kurus lutaram na Batalha de Kuruksetra.

G

GANDIVA — O nome do arco de Arjuna.

GANGES — O rio sagrado que corre simbolicamente por todo o universo, começando dos pés de lótus de Vishnu. Recomenda-se a pessoas que praticam o caminho espiritual tomarem banho no Ganges, localizado no Índia, para se purificarem.

GAYATRI — Uma vibração transcendental cantada pelas classes devidamente qualificadas dos duas vezes nascidos para a realização espiritual.

GOVINDA — Nome de Krishna. "Aquele que dá prazer à terra, às vacas e aos sentidos."

GUNAS — Qualidades, modalidades, atributos. *Prakriti*, a matéria, caracteriza-se pelas três *gunas*, ou qualidades, a saber: inércia (tamas), atividade (rajas) e harmonia (sattva). Essas não são simples acidentes de *Prakriti*, são da sua natureza mesma e formam parte da sua composição. Igualmente são as três qualidades de Maya. Quando em uma criatura predomina a *guna-tamas*, essa criatura é torpe, preguiçosa, apática. Se predominar *rajas*, será agressiva, impulsiva, orgulhosa, e se for *sattva*, será equilibrada, harmoniosa, compreensiva. Não há coisa deste mundo que esteja livre da influência dessas *gunas*.

GURU — *Shrotriam Brahmanishtan Guruhu*, ou seja, Guru, é aquele que teve a visão de Brahman. Aquele que chegou a seu templo interior, unificando-se com seu íntimo Ser; por isso está capacitado para ensinar o caminho aos que vão atrás dele na dura ladeira da ascensão espiritual; preceptor, mestre espiritual, guia.

H

HATHA-YÔGA — *Ha*: Sol; *Tha*: Lua; *Hatha*: Sol-Lua; o significado literal seria a união do Sol com a Lua, ou melhor dizendo, a harmonia do Prana solar com o lunar, na criatura humana. Esses Pranas ou energias circulam através das narinas; o solar entra pela narina direita, e o lunar pela esquerda. Levando em conta que o prana é a energia elemental do universo manifestado, seu domínio do corpo humano denota uma extrema disciplina dos veículos inferiores, requisito indispensável para o desabrochar de Atma e sua conseqüente união com Paramatma. A maioria dos grandes conhecedores dessas sublimes ciências afirmam que o Hatha-Yôga é somente uma preparação física e que de maneira alguma constitui uma doutrina capaz de conduzir à união final. Por isso se diz que ali onde termina o Hatha-Yôga começa o *Raja-Yôga*, termo que advém do indo-europeu raj, que significa rei pela vontade de Deus, rei consagrado. Um sistema de exercícios corpóreos para ajudar a controlar os sentidos.

I

IKSVAKU — Um filho de Manu que recebeu o conhecimento do *Bhagavad Gita*, no passado.

ISHVARA — Literalmente: "soberana existência". É o espírito divino no homem, o aspecto de total compreensão da força vital em sua evolução e penetração do cosmos. É comparável a um bosque ou um oceano que tudo contém. Também se dá o nome de Ishvara à mônada vital, porque é uma faísca de pura luz divina transcendente, e participa da onipotência da divina essência.

J

JAPA — Cantar suave dos santos nomes de Brahman executado com a ajuda de 108 contas de rezar.

JNANA — Conhecimento. *Jnana* material não vai além do corpo material. *Jnana* transcendental faz distinção entre matéria e espírito. *Jnana* perfeita é o conhecimento do corpo, da alma e de Brahman.

JNANA-YÔGA — O processo predominantemente empírico de estabelecer o elo com o Supremo, que se executa quando a pessoa ainda está apegada à especulação mental.

JNANI — Uma pessoa que está ocupada no cultivo de conhecimento (especialmente através da especulação filosófica). Ao alcançar a perfeição, um jnani se integra em Krishna.

K

KAIVALYAM — O estado de realização da própria posição constitucional como parte e parcela de Brahman, que é preliminar à manifestação das atividades na plataforma de serviço devocional.

KALY-YUGA — A era das desavenças, a quarta e última era no ciclo de uma maha-yuga. Esta é a era na qual estamos vivendo agora. Dura 432 mil anos, dos quais já se passaram cinco mil.

KARMA — Da raiz *Kr*: fazer, obra, ação, rito, execução. É a lei da ação e divide-se em três momentos ou etapas, a saber: *Sanchita-Karma* (*Sanchita*: acumulado, amontoado) é o resultado de todas as nossas ações passadas, mas que ainda não começaram a germinar, amadurecer e transformar-se na colheita de uma vida; *Prarabda Karma* (da raiz *Prakk*: antecipado; e *arabda*: começando) é o *Karma* colhido e acumulado no passado, mas que já começou a produzir frutos na forma de acontecimentos presentes. É a parte do *Sanchita* que vai ser vivida no momento atual. *Agami-Karma* (*Agami*: vindouro) é o destino que ainda não temos assumido, aquele que, sendo efetuado (semeado) agora, será incluído em Sanchita. Sintetizando, *Karma* é a lei de ação e reação, de causa e efeito.

KARMA-YÔGA — (1) Ação em serviço devocional; (2) ação executada por pessoa que sabe que a meta da vida é Krishna, mas que está adicta aos frutos de suas atividades.

KRISHNA — É o representante do Verbo Divino ou Logos (Cristo em nós). O nome original do Ser Realizado. A Suprema Individualidade de Brahman; orador do *Bhagavad Gita*.

KUMBHAKA-YÔGA — Suspensão completa das correntes de ar dentro do corpo.

KUNDALINI — O fogo místico, o poder serpentino, a energia primordial. É o poder cósmico no homem. É a sutil energia do

Ser que, uma vez purificada, direciona o homem para sua unidade ou raiz, Brahman, e o transforma em alma perfeita. Nasce na boca do *Nadi Sushuma*, que vai do *Muladhara Chakra* até o *Brahmaranda*, atravessando assim todo o conduto espinhal.

KURUKSETRA — Nome de um lugar sagrado de peregrinação desde os tempos antigos. Fica perto de Nova Délhi, Índia.

KURUS — Todos os descendentes do rei *Kuru*, mais especificamente dos cem filhos de *Dhrastra*. Os *Pandavas* também eram descendentes do rei Kuru, mas Dhrastra queria excluí-los da tradição familiar.

L

LAYA — Palavra derivada da raiz *Li*: dissolver, desintegrar. Ponto de equilíbrio. É o fim do universo integrado; o desaparecimento como ilusão fenomênica. É o ponto da matéria por cima e por baixo do qual cessou toda diferenciação ou mudança de manifestação.

M

MAHABHARATA — Grande poema épico escrito por Vyasadeva, que descreve as aventuras dos Pandavas. *O Bhagavad Gita* está incluído no *Mahabharata*.

MAHARISHI — Grande vidente ou sábio.

MAHATMA — Uma grande alma, uma pessoa que realmente compreende que Brahman é tudo e portanto se rende a Ele.

MAHA-YUGA — Um período de tempo. Dura 4.230.000 anos solares.

MANAS — Da raiz *Man*: pensar. É a faculdade mental, o intelecto, que flui e está em contínuo movimento. Junto com *Ahankara* e *Budhi* constituem o "órgão inteiro", ou Antahkarama.

MANTRA — (*Man* — mente, *tra* — liberação). Uma vibração sonora pura para libertar a mente de suas inclinações materiais. O mais sagrado dos mantras orientais é *Om*.

MANU — O semideus administrador que é o pai da humanidade.

MAYA — Ilusão. O Poder cósmico que faz possível a existência fenomênica e as percepções da mesma. De acordo com a filosofia hindu, somente aquilo que é imutável e eterno merece o nome de realidade; tudo o que está sujeito à mudança e que, portanto, tem princípio e fim é considerado Maya.

MOKSHA — Liberdade, resgate, emancipação. É a libertação final de todo laço ou obstáculo, a união definitiva com Brahman, após a qual já não se volta a reencarnar. Equivalente a Nirvana.

MUKUNDA — Nome de Krishna, "o que dá a libertação".

MUNI — Um sábio ou alma auto-realizada.

N

NADIS — Da raiz Nad: movimento. São condutos, canais, tubos de matéria astral por onde fluem as correntes vitais ou forças prânicas e psíquicas. Sua composição é de matéria sutil, portanto não podem ser vistos nem pode ser demonstrada sua existência em nível físico. Num corpo humano existem de 72.000 a 3.500.000, segundo diversos autores. Os mais conhecidos são: *Sushumna*, *Ida* e *Pingala*.

NAISKARMA — Veja *Akarma*.

NIRGUNDA — (*Nir* — sem, *guna* — qualidade.) Que não possui atributos. Quando aplicado a Deus, refere-se à manifestação dos atributos materiais.

NIRVANA — A palavra designa a desaparição de todas as ilusões; é o domínio completo do espírito sobre a matéria. Quietação. É o repouso da verdade eterna.

O

OM TAT SAT — As três sílabas transcendentais usadas pelos brâhmanes para a satisfação do Supremo, quando cantam hinos védicos ou oferecem sacrifício. Elas indicam a Suprema Verdade Absoluta, a Individualidade de Brahman.

P

PANDAVAS — Os cinco filhos do rei Pandu: *Yudhisthira*, *Arjuna*, *Bhima*, *Nakulas* e *Sahadeva*.

PARAMAHAMSA — A classe mais elevada de devotos que realizaram Brahman.

PATANJALI — Uma grande autoridade no sistema de *astanga-yôga* e autor do *Yôgasutra*.

PRANA — Alento de vida, energia vital. A vida que impregna todo corpo vivo, do mais insignificante ao mais complexo. É a porção da vida universal, onipresente, eterna, indestrutível, individualizada ou assimilada a um corpo em particular; quando esse corpo morre, o Prana volta ao oceano da vida cósmica.

PRANAYAMA — Controle, disciplina e domínio da respiração em seus três momentos ou etapas: a) inspiração (do prana ou ar vital), chamada *Pura-Ka*; b) retenção, acumulação ou anulação de qualquer movimento de entrada ou saída; recebe o nome de *Kumbaka*; c) expiração lenta e prolongada, deixando os pulmões quase vazios; corresponde a *Rechaka*. Os exercícios de Pranayama têm por objetivo dominar as energias vitais e purificar o veículo físico, e são os passos preliminares do *Raja-Yôga*.

PRATYAHARA — Cessação das atividades sensoriais (uma das oito partes do sistema de astanga-yôga).

R

RAJAS — Literalmente: "impureza". Ação, atividade, paixão. É uma das três *Gunas*, ou qualidades, da matéria (ou Maya). Predomina no reino humano e, às vezes, assemelha-se ao "pó", que cobre todas as coisas. A cor correspondente é o vermelho (ver *Gunas*).

RAMA — (1) Nome da Verdade Absoluta como a fonte de prazer ilimitada para os transcendentalistas; (2) encarnação de Brahman como um rei perfeito (Senhor Ramacandra).

RISHI — Vidente, sábio, profeta.

S

SADHU — Homem santo, devoto.

SAKHYA — (1) Processo de *yôga* devocional descrito pelo Senhor Kaplia no *Srimad-Bhagavatam*; (2) compreensão analítica do corpo e da alma.

SAMADHI — *Sam-adha*: "possessão de si próprio". É o último passo e experiência do *Yôga*; é a absorção completa e total na verdade una, na qual o ego se dissolve como a luz de uma vela e confunde-se na brilhante luz do dia, depois do amanhecer. Fala-se da existência de duas classes de *Samadhi*: o *Savikalpa*, ou *Samadhi* com modificações, no qual, embora a mente esteja purificada, ainda não desapareceu dela a distinção entre o conhecedor, o conhecimento e as coisas conhecidas. O intelecto está em atividade, portanto a liberação não pode ser atingida. O *Nirvikalpa*, ou *Samadhi* sem modificações, é a extinção das diferenças percebidas entre conhecedor, conhecimento e objeto do conhecimento. O eu desaparece e, com ele, a consciência desse eu que determina as ilusórias distinções. O *Nirvikalpa* é a real absorção no Divino.

SAMSKARA — Esse é um termo de amplas significações, a saber: saber: impressão, influência, operação, forma, molde. Deriva da raiz verbal *Kr*: fazer. *Sams-Kr*: preparar, dar forma a algo para ser utilizado, mudar ou transformar. Também "o que foi trabalhado, cultivado e configurado". *Samskara* designa então os germens das inclinações e impulsos que advêm dos nascimentos anteriores para serem desenvolvidos nesta ou em futuras encarnações. Por outro lado, são as impressões deixadas na matéria mental pelos hábitos, sensações, percepções, etc.

SANKARACARYA — Uma encarnação do Senhor Shiva que apareceu no século VIII para propagar uma filosofia impersonalista com o objetivo de erradicar o budismo na Índia e restabelecer a autoridade dos Vedas.

SANYASI — *Sannya*: riqueza, e *nyasa*: renúncia, abandono; ou seja, renúncia das riquezas. O quarto estágio da vida humana, a corda da existência, no qual se renuncia a todos os bens materiais e, solitariamente, procura-se a reunião com Deus através do Samadhi. As etapas precedentes são: *brahmacharya*, *grehasta* e *vanaprastha*.

SAT — Ser, essência, realidade, pureza, bondade. *Sat* é Ser, mas Ser como deve ser (dharma), isto é, perfeito. A essência divina, a primeira e última realidade. Um dos três atributos do Absoluto ou Brahman: Sat (ser), Chit (sabedoria suprema) e Ananda (felicidade sublime).

SATTVA — Da raiz ser; ou seja, "ser como deve ser". Literalmente: bondade, pureza, harmonia, entendimento, claridade, perfeição. É o estado ideal de ser. A primeira das três gunas, ou qualidades da matéria (Maya). Predomina nos deuses e nas criaturas celestiais, nas pessoas totalmente desapegadas e voltadas para fins espirituais. O branco é a cor que lhe corresponde (ver *Gunas*).

SHIVA — No panteão indiano, representa o arquétipo do asceta, o Deus da libertação, o *Yogui* dos *yoguis*, o destruidor da ilusão ou da ignorância. É a terceira pessoa da Trimurti, ou trindade: *Brahma, Vishnu, Shiva*. Diz a tradição que esse deus está no monte Kailasa, no Himalaia, absorto em contínua meditação.

SIDDHIS — Literalmente significa atributos de perfeição. São poderes extraordinários que se adquirem como decorrência da purificação e elevação da consciência. Geralmente se fala de oito poderes.

T

TANTRA — Literalmente: tear, urdume, sistema, ritual. Determinadas obras místicas e mágicas, cuja peculiaridade é o culto do poder feminino, personificado em *Zakti*. A maior parte dos Tantras estão dedicados a uma das múltiplas formas da esposa de Shiva, e estão escritos em forma de diálogo entre ambas as divindades. É possível que o Tantra tenha suas raízes em terras não-arianas, pré-arianas, drádivas.

TATTVA — Os princípios abstratos da existência, ou categorias físicas e metafísicas. Equivalente às categorias de Aristóteles. Os Tattvas são cinco, a saber, *Akasha* (definido como aquilo que tem a capacidade de conter, ou seja, o Espaço); *Vayu* (ar), *Agni* (fogo); *Apas* (água); e *Priviti* (terra). Esses cinco tattvas correspondem aos cinco sentidos, dando origem às sensações do ouvido, tato, visão, gosto e olfato.

U

UPANISADS — As seletas filosóficas dos Vedas, como os Isa Upanisad, Katha Upanisad, etc. Eles são 108 em número.

UTTARA GITA — Deriva o seu nome da partícula sânscrita *Ut*: elevação, cume; *Gita* é canto, canção. Assim, poderíamos traduzir o conjunto desses dois termos como "canto final", ou "canto supremo".

V

VASUDEVA — O pai do Senhor Krishna. Nas Escrituras Sagradas, o homem perfeito é chamado *Vasudeva*: "Filho do Homem".

VEDANTA — Veda: sabedoria, conhecimento último. *Anta*: fim. Literalmente: "fim ou coroa dos Vedas", ou também "fim e objeto de todo conhecimento". Antiqüíssima doutrina mística, dividida mais tarde em três escolas: *Dvaita* (dualista), *Vizichtadvaita* (dualista com diferenciações) e Advaita (monista).

VEDANTA-SUTRA — (Brahma-sutra) o tratado filosófico escrito por Vyasadeva para dar a conclusão de todos os Vedas.

VEDAS — As quatro escrituras védicas (Rg, Yajur, Sama e Atharva-Vedas) e seus suplementos: os *Puranas*, *Mahabharata*, *Vedanta-sutra*, etc. Visão, conhecimento. É a Bíblia do Oriente.

VIKALPA — Dúvida, fantasia, ilusão. São as idéias imaginárias, que carecem totalmente da garantia da percepção. Irrealidade. Uma das cinco modificações da mente.

VIKARMA — Trabalho não-autorizado ou pecaminoso, executado contra as injunções das escrituras reveladas. Falso-agir.

VISHNU — O ser que ocupa o segundo lugar na trindade hindu (Brahma, Vishnu e Shiva). É o rei dos deuses solares ou da energia solar. Suas apresentações são muitas; entre as mais freqüentes, é visto descansando sobre a grande serpente *Ananta*, que é o símbolo da eternidade; ou cavalgando a ave *Garuda*, que representa o grande ciclo, ou idade de Brahman.

Y

YÔGA — Da raiz *Yuj:* unir. Literalmente: união, conexão, harmonia, relação. É a perfeita união do homem com a divindade. Patanjali define a *Yôga* como a arte de suspender ou deter as funções da mente.

YOGUI — Devoto, asceta, místico; que pratica *Yôga.*

YUGA — Vasto período de tempo. Uma das quatro idades do mundo, a saber: *Krita Yuga* (idade de ouro), *Treta Yuga* (idade de prata), *Dwapara Yuga* (idade de bronze) e *Kali Yuga* (idade de ferro, ou idade negra).

TEXTO 2

Mahabharata

B. A. VAN NOOTEN

Para melhor informar nossos leitores, incluímos nesta nova edição do Bhagavad Gita, *como texto complementar, parte da Introdução que B. A. van Nooten escreveu para a versão do Mahabharata do escritor norte-americano William Buck. A obra foi publicada inicialmente pela University of California Press, e no Brasil pela Editora Cultrix e pelo Círculo do Livro.*

Recomendamos como leitura obrigatória o livro de William Buck para todos aqueles que quiserem aprofundar seus estudos na mensagem do Bhagavad Gita.

* * *

O *Mahabharata* é um épico indiano, em sânscrito, no original, provavelmente o maior já escrito. Ao lado de um outro grande épico, o *Ramayana*, corporifica a essência da herança cultural da Índia. William Buck, um jovem americano cuja morte prematura, aos trinta e sete anos, ocorreu poucos meses após ele haver entregue os manuscritos de ambos os épicos para a *University of California Press*, em Berkeley, recontou esses clássicos, como muitos poetas já fizeram, numa linguagem e numa extensão que os tornam acessíveis ao leitor contemporâneo.

O *Mahabharata* é a história de uma disputa dinástica que culmina numa aterradora batalha entre dois ramos de uma mesma família dirigente indiana. O relato da luta entre os Kurus e os Pandavas pelas terras férteis e ricas da confluência do rio Ganges e do Yamuna, perto de Délhi, é realçado por histórias paralelas que fornecem uma base social, moral e cosmológica ao clímax da batalha.

Não sabemos ao certo quando ocorreu essa batalha. O *Mahabharata* foi sendo composto durante um período de cerca de quatrocentos anos, entre o segundo século antes de Cristo e o segundo século depois de Cristo, quando aquele confronto já era um evento lendário, preservado em contos folclóricos e nos registros marciais das tribos dominantes. Segundo o calendário indiano, teria ocorrido no ano 3102 a.C., o início da Era do Infortúnio, a Kaliyuga; mas indícios mais objetivos, ainda que escassos e obtidos apenas por inferência, apontam para um data mais próxima a 1400 a.C.

Naqueles tempos, as tribos arianas que invadiram a Índia, vindas dos planaltos iranianos, haviam apenas começado a se instalar. A região compreendida entre o Paquistão, a oeste, Bihar, a leste, e o planalto de Decã, ao sul, era ocupada por essas tribos, cujos nomes são mencionados com freqüência em registros muito mais antigos que o *Mahabharata*. Tais comunidades tribais variavam de tamanho, e cada uma era governada pelas "famílias proeminentes" (mahakulas), das quais um nobre era consagrado rei. Os reis viviam em permanente confronto, e era comum estarem empenhados em guerra contra as outras tribos. Seus conflitos, às vezes, eram por questões prolongadas, às vezes não passavam de roubos de gado.

Foi nesse contexto que se deu a guerra dos Bharatas. Os Kurus eram uma tribo antiga que havia governado toda a região das cabeceiras do rio Yamuna. Os Pandus, ou Pandavas, eram um clã emergente que habitava Indraprastha, Hastinapura. De acordo com o *Mahabharata*, os novos aristocratas foram convidados à corte da antiga e nobre casa de Kuru para uma disputa de dados. Lá, foram enganados, sendo primeiro despojados do seu reino e depois astuciosamente induzidos a não reagir por doze anos. No décimo terceiro ano buscaram refúgio na corte de Matsyas, onde se aliaram aos vizinhos dos Kurus a leste e ao sul, os Panchalas. Juntos, num enorme exército, marcharam para Hastinapura, e foram confrontados em Kurukshetra, a planície dos Kurus, onde estes e seus aliados acabaram derrotados.

Num esboço rudimentar, essa é a história que o bardo canta. Mas o autor do *Mahabharata* retratou as ações dos guerreiros num contexto não só heróico, mas também moral, e a história deve ser compreendida como a reconstituição de um confronto moral cósmico, não a mera narrativa de uma batalha. Divergindo da nossa filosofia histórica ocidental, que busca causas externas — tais como fome, pressões demográficas, secas — para explicar o fenômeno das guerras e das conquistas, o bardo épico encara os eventos do conflito como decorrência da obediência ou desobediência às leis da moral. O princípio básico da existência cósmica ou individual é o dharma, a doutrina de direitos e deveres religiosos e épicos de cada indivíduo, mas que também pode significar apenas virtude, ou conduta reta. Todo ser humano deve viver de acordo com o seu dharma. A violação do dharma resulta em desastre.

A sociedade hindu dividia-se em quatro castas, cada uma com o seu próprio dharma. O poder do Estado repousava sobre os xátrias: reis, príncipes, guerreiros livres e suas esposas e filhas. O seu dharma era proteger seus dependentes, governar com justiça, falar a verdade e guerrear. A casta sacerdotal não estava organizada em igrejas ou templos, mas consistia em brâhmanes independentes, que controlavam a religião. Dentre outras obrigações, eles oficiavam nos grandes sacrifícios dedicados à manutenção da ordem do mundo e a atingir metas almejadas. Controlavam também a educação, pois eram alfabetizados, e ensinavam história de acordo com a sua perspectiva de vida. O *Mahabharata*, na sua forma final, foi em grande parte obra de brâhmanes, de modo que em suas histórias paralelas é dada ênfase ao poder e à glória da casta dos brâhmanes, embora não haja, no desenrolar principal do épico, nenhum brâhmane poderoso. Os vaixás, de quem ouvimos falar pouco no *Mahabharata*, eram os mercadores, os funcionários urbanos e os fazendeiros, e constituíam a grande massa da população.

As três castas superiores nasciam duas vezes: uma do ventre de suas mães, e outra ao receber as vestes sagradas. A casta mais baixa, dos sudras, realizava os trabalhos braçais e servia às outras castas. No entanto, eles eram arianos, e suas mulheres estavam disponíveis para os homens das castas mais elevadas. Vyasa era filho de um xátria e de uma sudra; Vidura também. Fora do sistema de castas, havia as "castas dos intocáveis": os povos tribais das montanhas, como os Kiratas, os persas e os gregos bactrianos.

Além do dharma de suas castas, os indivíduos tinham um dharma pessoal a cumprir que variava conforme a sua idade e ocupação. Assim, encontramos um dharma para o mestre/aluno, um para o marido/esposa, um para o asceta, e assim por diante. A relação de cada um com os deuses também era determinada pelo dharma. Os livros de direito especificavam os diversos tipos de dharma em detalhe, e essas classificações e leis ainda governam a sociedade indiana.

O sistema hindu de escatologia aparece exposto freqüentemente no *Mahabharata*. Em resumo, é a doutrina do ciclo de renascimentos (sansara), a doutrina da lei moral (dharma), mais poderosa que os próprios deuses. A lei moral sustenta e favorece as criaturas que a respeitam, enquanto rejeita aquelas que a violam. Seu instrumento é o karma, a inexorável lei que atinge toda esta vida e o pós-morte, agindo de uma encarnação para a outra, recompensando os justos e fazendo os maus sofrerem. Nesse universo hindu, aqueles que estão em harmonia com o dharma terminam por alcançar um estado em que o renascimento não é mais necessário. Se, contudo, as forças do mal forem poderosas demais, a lei moral volta a se impor e, freqüentemente, utiliza-se de meios violentos para restaurar a harmonia onde esta foi perdida. Para consumar isso, é comum um ser de ordem mais elevada, um deus, que em sua manifestação usual é incorpóreo, nascer entre os seres humanos e tornar-se um avatar, alguém que "desceu" à Terra por seu próprio poder. Muitas vezes, nessa manifestação física ele não tem ciência de seus antecedentes divinos, vindo a descobri-los somente no decorrer da sua vida entre os mortais. Um avatar, portanto, possui diversas qualidades, incluindo algumas que, segundo nossos próprios padrões, ficariam aquém das divinas: hostilidade, espírito de vingança e uma noção presunçosa da sua própria importância. Essas qualidades lhe são necessárias para enfrentar confiantemente as forças do mal, os Asuras, que também se encarnaram e são, decididamente, inimigos ferozes empenhados em lutar até o fim.

A ênfase dada à moral, no *Mahabharata*, traz consigo considerações sobre a natureza do divino. São muitos os deuses; o panteão indiano é impressionante na sua diversidade e na sua indefinição. No nível mais sublime da criação estão os deuses (Devas), em perpétuo conflito com as forças demoníacas, os Asuras. Entre os deuses, Vishnu, Shiva e Indra são especialmente importantes. Vishnu manifesta-se primodialmente através da sua encarnação como Krishna. É um deus supremo, digno de amor e devoção. Shiva é também um deus supremo, mas representa o lado ascético da religião indiana. Ele habita uma montanha, veste-se com peles de tigre e carrega um emblema característico, o tridente, que os mendicantes da Índia ainda trazem consigo. O terceiro olho no meio da sua testa abrasa os inimigos. Indra é, nominalmente, o rei dos deuses, mas na realidade sua importância declinou desde os tempos do *Mahabharata*, ainda que permaneça como um dos deuses principais. No *Mahabharata*, ele é o deus da chuva, o pai de Arjuna, um Pandava.

Menos poderosos são os deuses elementares do fogo (Agni), do vento (Vayu), da água (Varuna), do sol (Surya) e da lua (Soma). Kama é o deus do amor. Mas os deuses indianos mais proeminentes diferem dos deuses das mitologias ocidentais por ser difícil caracterizá-los. Embora a muitos sejam atribuídas funções óbvias como potestades, suas esferas de poder e suas características se sobrepõem, já que, no final, são todos manifestações do princípio universal, Brahma, a alma ou ser universal ao qual todas as almas individuais se unirão depois que a ilusão de tempo e de espaço houver sido superada.

Num nível mais baixo, ainda divino, mas progressivamente menos sublime, estão as multidões de Gandharvas, Apsaras, Siddhas, Yakshas e Rakshasas. As três primeiras classes são de entes geralmente bondosos para a humanidade. Os Gandharvas tocam música celestial para as ninfas, as Apsaras, dançarem. Indra também se utiliza das Apsaras para seduzir ascetas ambiciosos que, por sua severa automortificação, acumularam tanto poder espiritual que se tornam uma ameaça à sua supremacia; como resultado da sedução, o anacoreta perde o seu poder. Os Yakshas são duendes, dríades e náiades. Os Rakshasas são demônios malignos que rondam os altares de sacrifícios ou que, de alguma outra forma, procuram perturbar os seres humanos.

Os seres humanos vêem os deuses como poderes a aplacar ou controlar, com exceção de Vishnu, que é simplesmente adorado. Os deuses freqüentemente interagem com os humanos, casam-se com eles, entregam-lhes armas, evocam sua ajuda ou os auxiliam. De tempos em tempos, interagem com a humanidade por intermédio de homens idosos e sensatos; seus conselhos eram obedecidos pelos guerreiros prudentes, ansiosos por não violar a vontade dos deuses e, assim, evitar a maldição dos sábios. Ao morrer, o herói antigo esperava ir aos céus de Indra, onde há júbilo e deleite.

Os rios e outros acidentes geográficos são personificados e

agem tanto como seres divinos ou semidivinos quanto como fenômenos naturais. No *Mahabharata*, os deuses se comunicam com os homens e os animais conversam, sendo às vezes animais de verdade, às vezes seres humanos ou deuses. A narrativa passa freqüentemente para uma terra idealizada, onde os feitos heróicos, os gestos de coragem e bravura e a força física são vistos com espanto e temor. Tais incidentes promovem no leitor uma impressão de maravilha: somos transportados para um mundo idílico onde a ilusão e a realidade não podem ser separadas.

O *Mahabharata* deve ser compreendido como uma narrativa moral e filosófica, e não apenas histórica. Somente assim poderemos apreciar a significação do *Bhagavad Gita*, o Cântico do Senhor, que é a parte do *Mahabharata*, mas que, geralmente, aparece como excerto e é lido como uma obra religiosa à parte. Na Índia, o *Mahabharata*, como um todo, tem sido considerado há séculos uma obra religiosa, a ponto de um teórico poético medieval caracterizar seu principal sentimento (rasa) não como heroísmo, mas como serenidade (santi).

Entre a época dos eventos descritos no *Mahabharata* e aquela em que esse épico foi escrito, as condições sociais haviam-se modificado consideravelmente. A Índia já não era um conjunto de comunidades tribais; subdividia-se em grandes regiões (janapadas), governadas por reis que se haviam tornado monarcas absolutos. As conquistas do rei Asoka e de Chandragupta Maurya, unindo grandes partes da Índia sob um único soberano, abriram caminho para o surgimento de uma consciência nacional. "Cara a todos os homens é a terra de Bharata, querida de Indra, nosso Senhor, de Manu, nosso Pai, e de todos os poderosos guerreiros de outrora", diz o poeta. E embora o mundo indiano estivesse agora interagindo com o resto do mundo ao seu redor, a parte mais importante desse mundo era Bharata, a terra dos arianos, concentrada agora na região entre o sul dos Himalaias e o norte das montanhas Vindhya, entre o deserto, a oeste, e os pântanos de Bengala, a leste.

O *Mahabharata* não permaneceu como uma obra escrita exclusivamente em sânscrito. Alguns séculos após sua composição já fora parafraseado e traduzido para outras línguas indianas: as línguas dravidianas do sul da Índia e as línguas indo-arianas, que historicamente sucederam o sânscrito, no norte. Suas histórias foram adaptadas para serem dramatizadas, trovadores compuseram baladas em suas próprias línguas, pregadores e políticos fizeram uso de sua filosofia. E assim o Grande Épico foi gradualmente se espalhando por via oral, de vila em vila, de reino em reino, de região em região. Foi recitado nas cortes por ocasião dos grandes festivais e dos sacrifícios em homenagem aos reis (na realidade, o próprio *Mahabharata* é narrado como uma história ouvida pelo bardo num grande sacrifício). Jainistas e budistas encontraram para ele um lugar em sua literatura não-canônica e, à medida que o império indiano se foi expandindo a partir dos primeiros anos da era cristã, o *Mahabharata* e o épico irmão deste, o Ramayana, acompanharam os mercadores itinerantes. Nas rotas comerciais para a Europa, a Birmânia, a Tailândia e o Vietnã, e para as ilhas de especiarias do Pacífico, os bardos seguiram os mercadores e, mais tarde, quando os reinos coloniais já se haviam estabelecido nessas nações tropicais, encontraram um lugar nas cortes dos reis. A profunda mensagem moral do *Mahabharata* veio a se identificar com o poder das dinastias dominantes, e os épicos eram, freqüentemente, traduzidos para as línguas dos países colonizados. Gradualmente, o *Mahabharata* se tornou parte da literatura das nações que o incorporavam; o épico foi reelaborado, reescrito, condensado e adaptado à terminologia do momento e aos termos da cultura que o adotava.

(...) Existem outras versões do *Mahabharata*, algumas mais curtas, outras mais longas. Mas, afora a de William Buck, nenhuma conseguiu captar a combinação de espírito religioso e espírito marcial que permeia todo o épico no original.

TEXTO 3

Depoimentos: *Bhagavad Gita* na vida de homens célebres

Com a finalidade de informar mais completamente nossos leitores, selecionamos e comentamos a seguir, algumas das muitas e insofismáveis apreciações que, através dos tempos, têm sido emitidas por homens célebres sobre a glória e o incomparável valor da mensagem contida neste livro de autoconhecimento e auto-realização.

Mahatma Gandhi

Na famosa autobiografia *Minha Vida e Minhas Experiências com a Verdade*, diz o Mahatma que *Bhagavad Gita* lhe deu forças para realizar sua gigantesca obra de libertação política da Índia sem derramamento de sangue, fato inédito na história da humanidade. Bastaria esse fato singular para aureolar de prestígio divino um livro capaz de inspirar tamanha força à fragilidade humana.

Ainda criança, sobre os joelhos da mãe, ouvia o pequeno Gandhi a leitura e explicação do *Gita*, que, mais tarde, pela vida inteira, foi sua permanente inspiração.

Aldous Huxley

O autor da obra-prima da literatura de ficção científica, *Admirável Mundo Novo* — uma utopia na qual a fé no progresso científico e materialista é cruelmente ridicularizada —, coloca o

Gita entre os mais ricos e esclarecedores compêndios de "filosofia perene" jamais compilados. E enfatiza que o valor permanente dessa epopéia milenar tem influenciado não somente o povo da Índia, senão toda a humanidade.

Arthur Schopenhauer

O grande filósofo germânico, difusor do pensamento oriental no Ocidente, afirma que foi este pequeno livro — *A Sublime Canção* — que lhe deu forças durante a vida, e seria ele que lhe daria consolação na morte.

Henry Thoreau

O grande cultor da natureza, o transcendentalista de *Walden*, referencia o *Gita* com estas palavras: "Diariamente, pela manhã, banho meu intelecto na estupenda e cosmogônica filosofia do *Bhagavad Gita*, em vista do qual o mundo moderno e sua literatura tornam-se triviais e insignificantes".

Graf Hermann Keyserling

O grande filósofo dos últimos tempos, Graf Hermann Keyserling, que viveu algum tempo na Índia, opina que "o *Gita* é, também, a mais bela obra da literatura mundial".

Ralph Waldo Emerson

Também o grande pensador e místico norte-americano Emerson celebrou entusiasticamente a sublimidade deste poema de auto-realização, que remonta ao tempo dos Vedas, cerca de cinco mil anos antes da era cristã: "*Bhagavad Gita*, o livro número um, é como se nos estivesse falando não o pequeno e acanhado, mas sim um grandioso, sereno e consistente império; a voz de uma antiga inteligência que em outra época e clima ponderou e solucionou esses mesmos problemas que nos afligem".

A.C. Bhaktivedanta Swami Prabhupada

O fundador da Acarya Sociedade Internacional para a Consciência de Krishna, profundo conhecedor da sabedoria antiga proveniente da Índia, diz as seguintes palavras sobre o *Gita*: "Na presente era, a humanidade está tão absorta em atividades mundanas, que não é possível ler todas as literaturas védicas. Mas isso não é necessário; este único livro, o *Bhagavad Gita*, será suficiente, porque ele é a essência de todas as literaturas védicas e porque é falado pela Suprema individualidade de Deus. *O Gita* é o verdadeiro néctar do *Mahabharata*".

Huberto Rohden

O filósofo e educador brasileiro Huberto Rohden é autor de mais de sessenta e cinco livros sobre filosofia, ciência e religião. Profundo conhecedor da filosofia hindu, traduziu e comentou, em 1962, o *Bagavad Gita*, baseando-se nas traduções inglesa e alemã. O livro transformou-se num *best seller* editorial.

Definindo este livro sagrado, o professor Rohden escreveu: "A alma do *Bhagavad Gita* é um poema de auto-redenção pela auto-realização baseado em autoconhecimento".

Paulo Coelho

O escritor Paulo Coelho, considerado o maior fenômeno editorial em toda a história do Brasil, com mais de vinte e cinco milhões de livros vendidos, em todo o mundo, sempre foi um grande leitor do *Bhagavad Gita*. Em 1974, em parceria musical com o cantor e compositor Raul Seixas, compôs a música Gita que se tornou grande sucesso musical da época.

Em entrevista à imprensa, declarou: "O *Bhagavad Gita* é um livro de imensa força cósmica; sua leitura é fonte de sabedoria e felicidade".

PERFIL BIOGRÁFICO

Huberto Rohden

(Tradutor e comentarista)

Nasceu em Tubarão, Santa Catarina, Brasil. Fez estudos no Rio Grande do Sul. Formou-se em Ciências, Filosofia e Teologia em Universidades da Europa — Innsbruck (Áustria), Valkenburg (Holanda) e Nápoles (Itália).

De regresso ao Brasil, trabalhou como professor, conferencista e escritor. Publicou mais de 65 obras sobre ciência, filosofia e religião, entre as quais várias foram traduzidas em outras línguas, inclusive o Esperanto; algumas existem em Braille, para institutos de cegos.

Rohden não está filiado a nenhuma igreja, seita ou partido político. Fundou e dirigiu o movimento mundial Alvorada, com sede em São Paulo.

De 1945 a 1946 teve uma Bolsa de Estudos para Pesquisas Científicas, na Universidade de Princeton, New Jersey (Estados Unidos), onde conviveu com Albert Einstein e lançou os alicerces para o movimento de âmbito mundial da Filosofia Univérsica, tomando por base do pensamento e da vida humana a constituição do próprio Universo, evidenciando a afinidade entre Matemática, Metafísica e Mística.

Em 1946, Huberto Rohden foi convidado pela *American University*, de Washington, D.C., para reger as cátedras de Filosofia Universal e de Religiões Comparadas, cargo este que exerceu durante cinco anos.

Durante a última Guerra Mundial foi convidado pelo *Bureau of Inter-American Affairs*, de Washington, para fazer parte do corpo de tradutores das notícias de guerra, do inglês para o português. Ainda na *American University*, de Washington, fundou o *Brazilian Center*, centro cultural brasileiro, com o fim de manter intercâmbio cultural entre o Brasil e os Estados Unidos.

Na capital dos Estados Unidos, Rohden freqüentou, durante três anos, o *Golden Lotus Temple*, onde foi iniciado em *Kriya Yôga* por Swami Premananda, diretor hindu desse *ashram*.

Ao fim de sua permanência nos Estados Unidos, Huberto Rohden foi convidado para fazer parte do corpo docente da nova *International Christian University* (ICU) de Metaka, Japão, a fim de reger as cátedras de Filosofia Universal e Religiões Comparadas; mas, devido à guerra na Coréia, a universidade japonesa não foi inaugurada, e Rohden regressou ao Brasil. Em São Paulo foi nomeado professor de Filosofia na Universidade Mackenzie, cargo do qual não tomou posse.

Em 1952, fundou em São Paulo a *Instituição Cultural e Beneficente Alvorada*, onde mantinha cursos permanentes em São Paulo, Rio de Janeiro e Goiânia, sobre Filosofia Univérsica e Filosofia do Evangelho, e dirigia Casas de Retiro Espiritual (*ashrams*) em diversos estados do Brasil.

Em 1969, Huberto Rohden empreendeu viagens de estudo e experiência espiritual pela Palestina, Egito, Índia e Nepal, realizando diversas conferências com grupos de *yoguis* na Índia.

Em 1976, Rohden foi chamado a Portugal para fazer conferências sobre autoconhecimento e auto-realização. Em Lisboa fundou um setor do *Centro de Auto-Realização Alvorada*.

Nos últimos anos, Rohden residia na capital de São Paulo, onde permanecia alguns dias da semana escrevendo e reescrevendo seus livros, nos textos definitivos. Costumava passar três dias da semana no *ashram*, em contato com a natureza, plantando árvores, flores ou trabalhando no seu apiário-modelo.

Quando estava na capital, Rohden freqüentava periodicamente a editora responsável pela publicação de seus livros, dando-lhe orientação cultural e inspiração.

Fundamentalmente, toda a obra educacional e filosófica de Rohden divide-se em grandes segmentos: 1) a sede central da *Instituição (Centro de Auto-realização)*, em São Paulo, que tem a finalidade de ministrar cursos e horas de meditação; 2) o *ashram*, situado a 70 quilômetros da capital, onde são dados, periodicamente, os Retiros Espirituais, de 3 dias completos; 3) a Editora Martin Claret, de São Paulo, que difunde, através de livros, a *Filosofia Univérsica*; 4) um grupo de dedicados e fiéis amigos, alunos e discípulos, que trabalham na consolidação e continuação da sua obra educacional.

À zero hora do dia 8 de outubro de 1981, após longa internação em uma clínica naturista de São Paulo, aos 87 anos, o professor Huberto Rohden partiu deste mundo e do convívio de seus amigos e discípulos. Suas últimas palavras em estado consciente foram: "Eu vim para servir a Humanidade".

Rohden deixa, para as gerações futuras, um legado cultural e um exemplo de fé e trabalho somente comparados aos dos grandes homens do nosso século.

Huberto Rohden é o principal editando da Editora Martin Claret.

Relação de obras do prof. Huberto Rohden

Coleção Filosofia Universal:

O Pensamento Filosófico da Antigüidade
A Filosofia Contemporânea
O Espírito da Filosofia Oriental

Coleção Filosofia do Evangelho:

Filosofia Cósmica do Evangelho
O Sermão da Montanha
Assim Dizia o Mestre
O Triunfo da Vida sobre a Morte
O Nosso Mestre

Coleção Filosofia da Vida:

De Alma para Alma
Ídolos ou Ideal?
Escalando o Himalaia
O Caminho da Felicidade
Deus
Em Espírito e Verdade
Em Comunhão com Deus
Cosmorama
Porque Sofremos
Lúcifer e Lógos
A Grande Libertação
Bhagavad Gita (tradução)
Setas para o Infinito

Entre Dois Mundos
Minhas Vivências na Palestina, Egito e Índia
Filosofia da Arte
A Arte de Curar pelo Espírito (tradução)
Orientando
"Que vos Parece do Cristo?"
Educação do Homem Integral
Dias de Grande Paz (tradução)
O Drama Milenar do Cristo e do Anticristo
Luzes e Sombras da Alvorada
Roteiro Cósmico
A Metafísica do Cristianismo
A Voz do Silêncio
Tao Te Ching de Lao-Tsé (tradução) - Ilustrado
Sabedoria das Parábolas
O 5º Evangelho Segundo Tomé (tradução)
A Nova Humanidade
A Mensagem Viva do Cristo (Os Quatro Evangelhos - tradução)
Rumo à Consciência Cósmica
O Homem
Estratégias de Lúcifer
O Homem e o Universo
Imperativos da Vida
Profanos e Iniciados
Novo Testamento
Lampejos Evangélicos
O Cristo Cósmico e os Essênios
A Experiência Cósmica

Coleção Mistérios da Natureza:

Maravilhas do Universo
Alegorias
Ísis
Por Mundos Ignotos

Coleção Biografias:

Paulo de Tarso
Agostinho

Por Um Ideal - 2 vols. Autobiografia
Mahatma Gandhi - Ilustrado
Jesus Nazareno - 2 vols.
Einstein - O Enigma da Matemática - Ilustrado
Pascal - Ilustrado
Myriam

Coleção Opúsculos:

Saúde e Felicidade Pela Cosmo-Meditação
Catecismo da Filosofia
Assim Dizia Mahatma Gandhi (100 Pensamentos)
Aconteceu Entre 2000 e 3000
Ciência, Milagre e Oração São Compatíveis?
Centros de Auto-Realização

ÍNDICE

Introdução: Atitude fundamental do Bhagavad Gita 11
Capítulo 1: Ignorância e sofrimento de Arjuna 15
Capítulo 2: Revelação da verdade 19
Capítulo 3: Yôga de ação 30
Capítulo 4: Da experiência espiritual 37
Capítulo 5: A sabedoria do desapego 44
Capítulo 6: Exercícios de meditação 49
Capítulo 7: Sabedoria da visão espiritual 57
Capítulo 8: Integração na suprema divindade 62
Capítulo 9: Santificação interna pelo mistério sublime 67
Capítulo 10: Das manifestações de Brahman no universo 73
Capítulo 11: A visão da forma cósmica de Brahman 79
Capítulo 12: Do amor universal 89
Capítulo 13: Relação entre corpo e alma 92
Capítulo 14: Vitória sobre as três forças da natureza 98
Capítulo 15: A experiência do espírito supremo 103
Capítulo 16: O destino dos insensatos 107
Capítulo 17: Os três motivos de agir 111
Capítulo 18: Yôga da libertação total 115

Textos complementares

Glossário... 127
Mahabharata.. 142
Bhagavad Gita na vida de homens célebres.......................... 149
Perfil Biográfico do tradutor e comentarista 153
Relação de obras do Prof. Huberto Rohden 156

164 • Complemento de Leitura

MARTIN CLARET

EDITORA MARTIN CLARET
R. Alegrete, 62 - Bairro Sumaré - São Paulo -SP
Cep: 01254-010 - Tel.: (11) 3672-8144 - Fax.: (11) 3673-7146
www.martinclaret.com.br

Nome ______________________________

Série _____ Grau _____ Professor ______________________

Escola ______________________________

Esclarecimentos:

Este instrumento de trabalho tem por principal objetivo explorar a leitura, trazendo ao leitor a oportunidade de refletir e de confrontar-se com o texto. Ao nos depararmos com uma obra literária, não podemos desconsiderar o universo contextual do autor e o tipo de reprodução que ele realiza. Passado e presente, estilos individuais, de época, conceitos e preconceitos, tudo deve ser confrontado e analisado para entrarmos em contato profundo com uma obra. Por mais que a arte queira sobreviver por si própria, ela se tornará vazia e sem sentido se não trouxer marcas de humanidade.

A Editora Martin Claret tem como lema "pensar é causar", e lhe convida a trilhar os horizontes pedagógicos que aí estão para fazê-lo "ser mais" e "causar" — e isso quer dizer, operar transformações pessoais e sociais.

Sobre o autor e a obra

"A alma do *Bhagavad Gita* é um poema de auto-redenção pela auto-realização baseado no autoconhecimento." — assim define, Huberto Roden, o *Bhagavad Gita.*

Huberto Rohden, filósofo e educador brasileiro, é autor de mais de sessenta e cinco livros sobre filosofia, ciência e religião. Profundo conhecedor da filosofia hindu, traduziu e comentou, em 1962, o *Bhagavad Gita*, que rapidamente se transformou em *best-seller* editorial.

Esta obra tornou-se o símbolo da filosofia oriental e tem como principal objetivo levar o homem ao encontro de seu "Eu", atingindo o autoconhecimento. A Editora Martin Claret traz para você mais uma importante obra de autoconhecimento e crescimento espiritual. Ler é transformar-se. Leia mais para ser mais.

Reflexões:

1. Segundo a filosofia oriental, o homem profano age conforme seu ego, portanto, suas atitudes estão contaminadas de culpa e maldade. O homem está entre duas atitudes fundamentais: agir e onerar-se de culpa ou não agir e, assim, preservar-se da culpa. A maioria das religiões ocidentais fica com a segunda escolha. Qual a postura da filosofia oriental diante destas possibilidades? Qual seria o caminho para o homem?

2. Como se diferenciam, para a filosofia oriental, o "ego" e o "Eu"? Qual a importância do agir livre dos desejos do ego? A que leva a idolatria ao ego?

3. Argumente esta postura da filosofia oriental: "O falso-agir é um agir por amor ao ego; mas o reto-agir age por amor ao Eu, embora através do ego, e assim a sua atividade não é culpada." (p. 11).

4. Em que pontos da filosofia oriental podemos encontrar semelhanças entre as palavras de Krishna e de Jesus Cristo?

5. Como é explicado o karma pelas religiões espiritualistas?

6. A noção de pecado tem acompanhado o homem durante toda a sua existência e sabemos que, de certa forma, ela age exatamente como instrumento de poder e dominação. Como a filosofia oriental vê esta questão?

7. Em um dos versos do poema *Bhagavad Gita* lemos: "Quem domina o pequeno ego pelo grande Eu, esse é amigo de si mesmo; mas se o ego não odiar a sua própria egoidade se torna inimigo do Eu (da alma) do homem." Como podemos interpretar essas palavras? A idolatria ao ego estaria ligada a qual dos pecados capitais pregados pelo Cristianismo?

8. Qual a importância da oração para a filosofia ocidental? E para o Cristianismo?

9. O que vem a ser a sabedoria do desapego? Qual a importância do desapego para se penetrar nos ensinamentos da filosofia oriental?

10. "Deus é amor, Deus é holocausto, Deus é o fogo, Deus é o sacrificante; de maneira que quem age com consciência em Deus realiza Eu em si, o Eu Supremo." O que vem a ser Deus, então, de acordo com a sabedoria do *Bhagavad Gita*? E para você, o que vem a ser Deus?

11. Por que razão entre os homens prevalece a idéia de um Deus autoritário e vingativo? Por que Deus precisa de intermediários para falar ao coração dos homens? Deus, Senhor de bondade, condenaria um de seus filhos ao fogo eterno?

12. Se Deus é bondade, por que razão ou em que sentido pregaria: "amar a Deus sobre todas as coisas"?

Relação dos Volumes Publicados

1. Dom Casmurro
Machado de Assis
2. O Príncipe
Maquiavel
3. Mensagem
Fernando Pessoa
4. O Lobo do Mar
Jack London
5. A Arte da Prudência
Baltasar Gracián
6. Iracema
José de Alencar
7. Inocência
Visconde de Taunay
8. A Mulher de 30 Anos
Honoré de Balzac
9. A Moreninha
Joaquim Manuel de Macedo
10. A Escrava Isaura
Bernardo Guimarães
11. As Viagens - "Il Milione"
Marco Polo
12. O Retrato de Dorian Gray
Oscar Wilde
13. A Volta ao Mundo em 80 Dias
Júlio Verne
14. A Carne
Júlio Ribeiro
15. Amor de Perdição
Camilo Castelo Branco
16. Sonetos
Luís de Camões
17. O Guarani
José de Alencar
18. Memórias Póstumas de Brás Cubas
Machado de Assis
19. Lira dos Vinte Anos
Álvares de Azevedo
20. Apologia de Sócrates
Platão
21. A Metamorfose/Carta a Meu Pai/Um Artista da Fome
Franz Kafka
22. Assim Falou Zaratustra
Friedrich Nietzsche
23. Triste Fim de Policarpo Quaresma
Lima Barreto
24. A Ilustre Casa de Ramires
Eça de Queirós
25. Memórias de um Sargento de Milícias
Manuel Antônio de Almeida
26. Robinson Crusoé
Daniel Defoe
27. Espumas Flutuantes
Castro Alves
28. O Ateneu
Raul Pompéia
29. O Noviço
Martins Pena
30. A Relíquia
Eça de Queirós
31. O Jogador
Dostoiévski
32. Histórias Extraordinárias
Edgar Allan Poe
33. Os Lusíadas
Luís de Camões
34. As Aventuras de Tom Sawyer
Mark Twain
35. Bola de Sebo e Outros Contos
Guy de Maupassant
36. A República
Platão
37. Elogio da Loucura
Erasmo de Rotterdam
38. Caninos Brancos
Jack London
39. Hamlet
William Shakespeare
40. A Utopia
Thomas More
41. O Processo
Franz Kafka
42. O Médico e o Monstro
Robert Louis Stevenson
43. Ecce Homo
Friedrich Nietzsche
44. O Manifesto Comunista
Marx e Engels
45. Discurso do Método / Regras para a Direção do Espírito
René Descartes
46. Do Contrato Social
Jean-Jacques Rousseau
47. A Luta pelo Direito
Rudolf von Ihering
48. Dos Delitos e das Penas
Cesare Beccaria
49. A Ética Protestante e o Espírito do Capitalismo
Max Weber
50. O Anticristo
Friedrich Nietzsche
51. Os Sofrimentos do Jovem Werther
Goethe
52. As Flores do Mal
Charles Baudelaire
53. Ética a Nicômaco
Aristóteles
54. A Arte da Guerra
Sun Tzu
55. Imitação de Cristo
Tomás de Kempis
56. Cândido ou o Otimismo
Voltaire
57. Rei Lear
William Shakespeare
58. Frankenstein
Mary Shelley
59. Quincas Borba
Machado de Assis
60. Fedro
Platão
61. Política
Aristóteles
62. A Viuvinha / Encarnação
José de Alencar
63. As Regras do Método Sociológico
Émile Durkheim
64. O Cão dos Baskervilles
Sir Arthur Conan Doyle
65. Contos Escolhidos
Machado de Assis
66. Da Morte / Metafísica doAmor / Do Sofrimento do Mundo
Arthur Schopenhauer
67. As Minas do Rei Salomão
Henry Rider Haggard
68. Manuscritos Econômico-Filosóficos
Karl Marx
69. Um Estudo em Vermelho
Sir Arthur Conan Doyle
70. Meditações
Marco Aurélio
71. A Vida das Abelhas
Maurice Materlinck
72. O Cortiço
Aluísio Azevedo
73. Senhora
José de Alencar
74. Brás, Bexiga e Barra Funda / Laranja da China
Antônio de Alcântara Machado
75. Eugênia Grandet
Honoré de Balzac
76. Contos Gauchescos
João Simões Lopes Neto
77. Esaú e Jacó
Machado de Assis
78. O Desespero Humano
Sören Kierkegaard
79. Dos Deveres
Cícero
80. Ciência e Política
Max Weber
81. Satíricon
Petrônio
82. Eu e Outras Poesias
Augusto dos Anjos
83. Farsa de Inês Pereira / Auto da Barca do Inferno / Auto da Alma
Gil Vicente
84. A Desobediência Civil e Outros Escritos
Henry David Toreau
85. Para Além do Bem e do Mal
Friedrich Nietzsche
86. A Ilha do Tesouro
R. Louis Stevenson
87. Marília de Dirceu / Cartas Chilenas
Tomás A. Gonzaga
88. As Aventuras de Pinóquio
Carlo Collodi
89. Segundo Tratado Sobre o Governo
John Locke
90. Amor de Salvação
Camilo Castelo Branco
91. Broquéis/Faróis
Cruz e Souza
92. I-Juca-Pirama / Os Timbiras / Outros Poemas
Gonçalves Dias
93. Romeu e Julieta
William Shakespeare
94. A Capital Federal
Arthur Azevedo
95. Diário de um Sedutor
Sören Kierkegaard
96. Carta de Pero Vaz Caminha a El-Rei Sobre o Achamento do Brasil
97. Casa de Pensão
Aluísio Azevedo
98. Macbeth
William Shakespeare
99. Édipo Rei/Antígona
Sófocles
100. Lucíola
José de Alencar
101. As Aventuras de Sherlock Holmes
Sir Arthur Conan Doyle
102. Bom-Crioulo
Adolfo Caminha
103. Helena
Machado de Assis
104. Poemas Satíricos
Gregório de Matos
105. Escritos Políticos / A Arte da Guerra
Maquiavel

106. Ubirajara
José de Alencar

107. Diva
José de Alencar

108. Eurico, o Presbítero
Alexandre Herculano

109. Contos
Lima Barreto

110. A Luneta Mágica
Joaquim Manuel de Macedo

111. Fundamentação da Metafísica dos Costumes
Immanuel Kant

112. O Príncipe e o Mendigo
Mark Twain

113. O Domínio de Si Mesmo Pela Auto-Sugestão Consciente
Émile Coué

114. O Mulato
Aluísio Azevedo

115. Sonetos
Florbela Espanca

116. Uma Estadia no Inferno / Poemas / Carta do Vidente
Arthur Rimbaud

117. Várias Histórias
Machado de Assis

118. Fédon
Platão

119. Poesias
Olavo Bilac

120. A Conduta para a Vida
Ralph Waldo Emerson

121. O Livro Vermelho
Mao Tsé-Tung

122. Oração aos Moços
Rui Barbosa

123. Otelo, o Mouro de Veneza
William Shakespeare

124. Ensaios
Ralph Waldo Emerson

125. De Profundis / Balada do Cárcere de Reading
Oscar Wilde

126. Crítica da Razão Prática
Immanuel Kant

127. A Arte de Amar
Ovídio Naso

128. O Tartufo ou o Impostor
Molière

129. Metamorfoses
Ovídio Naso

130. A Gaia Ciência
Friedrich Nietzsche

131. O Doente Imaginário
Molière

132. Uma Lágrima de Mulher
Aluísio Azevedo

133. O Último Adeus de Sherlock Holmes
Sir Arthur Conan Doyle

134. Canudos - Diário de Uma Expedição
Euclides da Cunha

135. A Doutrina de Buda
Siddharta Gautama

136. Tao Te Ching
Lao-Tsé

137. Da Monarquia / Vida Nova
Dante Alighieri

138. A Brasileira de Prazins
Camilo Castelo Branco

139. O Velho da Horta / Quem Tem Farelos?
Gil Vicente

140. O Seminarista
Bernardo Guimarães

141. O Alienista
Machado de Assis

142. Sonetos
Manuel du Bocage

143. O Mandarim
Eça de Queirós

144. Noite na Taverna/Macário
Álvares de Azevedo

145. Viagens na Minha Terra
Almeida Garret

146. Sermões Escolhidos
Padre Antonio Vieira

147. Os Escravos
Castro Alves

148. O Demônio Familiar
José de Alencar

149. A Mandrágora / A Vida de Castruccio Castracani
Maquiavel

150. O Homem
Aluísio Azevedo

151. Arte Poética
Aristóteles

152. A Megera Domada
William Shakespeare

153. Alceste/Electra/Hipólito
Eurípedes

154. O Sermão da Montanha
Huberto Rohden

155. O Cabeleira
Franklin Távora

156. Rubayat
Omar Khayyam

157. Luzia-Homem
Domingos Olímpio

158. A Cidade e as Serras
Eça de Queirós

159. A Retirada da Laguna
Visconde de Taunay

160. A Viagem ao Centro da Terra
Júlio Verne

161. Caramuru
Frei Santa Rita Durão

162. Clara dos Anjos
Lima Barreto

163. Memorial de Aires
Machado de Assis

164. Bhagavad Gita
Huberto Rohden

165. O Profeta
Khalil Gibran

166. Aforismos
Hipócrates

167. Kama Sutra
Vatsyayana

168. O Livro da Jângal
Rudyard Kipling

169. De Alma para Alma
Huberto Rohden

170. Orações
Cícero

171. Fábulas
Esopo

172. Salomé
Oscar Wilde

173. Do Cidadão
Thomas Hobbes

174. Porque Sofremos
Huberto Rohden

Série Ouro
(Livros com mais de 400 p.)

1. Leviatã
Thomas Hobbes

2. A Cidade Antiga
Fustel de Coulanges

3. Crítica da Razão Pura
Immanuel Kant

4. Confissões
Santo Agostinho

5. Os Sertões
Euclides da Cunha

6. Dicionário Filosófico
Voltaire

7. A Divina Comédia
Dante Alighieri

8. Ética
Baruch de Spinoza

9. Do Espírito das Leis
Montesquieu

10. O Primo Basílio
Eça de Queirós

11. O Crime do Padre Amaro
Eça de Queirós

12. Crime e Castigo
Dostoiévski

13. Fausto
Goethe

14. O Suicídio
Émile Durkheim

15. Odisséia
Homero

16. Paraíso Perdido
John Milton

17. Drácula
Bram Stocker

18. Ilíada
Homero

19. As Aventuras de Huckleberry Finn
Mark Twain

20. Paulo – O 13º Apóstolo
Ernest Renan

21. Eneida
Virgílio

22. Pensamentos
Blaise Pascal

23. Origem das Espécies
Charles Darwin

24. Vida de Jesus
Ernest Renan

25. Moby Dick
Herman Melville

26. Os Irmãos Karamazov
Dostoiévski

27. O Morro dos Ventos Uivantes
Emily Brontë

28. Vinte Mil Léguas Submarinas
Júlio Verne

29. Madame Bovary
Gustave Flaubert

30. O Vermelho e o Negro
Stendhal